はじめに

野球はとても楽しいスポーツです。
けれども、いきなりテレビで見るような試合をすることは、
とても難しいのです。

はじめはできないことがたくさんあるでしょう。
けれども上手にプレーすることにこだわらなくても
よいと思います。

ボールを打つ、ランナーを進める、みんなで点を取る、
みんなで守るなど、
いろいろなプレーを楽しんでみましょう。

それから野球は1人ひとりの技術がとても大切です。
投げたり、捕ったり、打ったりする技術を、
しっかりと練習しましょう。
この本ではそのための練習方法をたくさん紹介しています。
できる練習からはじめてくださいね。

野球は誰にでもできるスポーツです。
みなさんにとって、
野球がいちばん好きなスポーツになってくれたら、
とてもうれしく思います。

筑波大学 体育系 准教授
川村 卓

みんなで点を取る、
みんなで守る。
いろいろなプレーを楽しんでみましょう。

マンガ
まずは楽しく野球をやってみよう！ …… 2

マンガで紹介した練習はコレだ！
- 台に置いたボールを打つ …… 26
- ネットやカーテンに向かって打つ …… 29
- やわらかいボールを避ける …… 30
- ボールを手ではたいて落とす …… 32
- 股割りスイング …… 99
- パラボリックスローでコントロールアップ …… 117

はじめに …… 12
本書の特長、使い方／動画の見方 …… 18

第1章
野球は楽しみながらうまくなろう！ …… 21

- **QR** いきなりキャッチボールは難しい …… 22
- 野球がうまくなるやり方 …… 24
- **QR** ボールを打つ練習01 台に置いたボールを打つ …… 26
- **QR** ボールを打つ練習02 テニスラケットでトスバッティング …… 28
- **QR** ボールを打つ練習03 ネットやカーテンに向かって打つ …… 29
- **QR** ボールを捕る練習01 やわらかいボールを避ける …… 30
- **QR** ボールを捕る練習02 ボールを手ではたいて落とす …… 32
- **QR** ボールを捕る練習03 帽子や素手でボールをキャッチ …… 33
- **QR** ボールを投げる練習01 壁当て …… 34
- **QR** ボールを投げる練習02 歩きながらボールを投げる …… 36
- **QR** ボールを投げる練習03 ヒザをついてボールを投げる …… 38
- **QR** キャッチボールに挑戦！ …… 40

コラム●上級生になれば野球がうまくなる！ …… 42

第2章
どんなボールでも捕る！ 狙ったところに投げる！ …… 43

- **QR** グラブの作り方と使い方の基本 …… 44

	QR QRコードから動画が見られるよ！	
プロのお手本 松井選手＆イチロー選手の捕り方		46
QR ジュニア選手のお手本［グラブの出し方、フライの捕り方］		47
QR ゴロを捕る練習 01 斜め方向のステップ		48
QR ゴロを捕る練習 02 バウンドキャッチからスローイング		50
QR ゴロを捕る練習 03 投げてもらったボールを捕ってスロー		52
QR フライやライナーを捕る練習 01 自分で投げたフライをキャッチ		54
QR フライやライナーを捕る練習 02 走って止まって捕る		56
QR フライやライナーを捕る練習 03 横目で追いながら止まれるくらいのところで捕る		58
QR 捕ったボールを握りかえる練習 01 グラブにボールを叩きつけて握りかえ		60
QR 捕ったボールを握りかえる練習 02 ボールを見ないで当てて握りかえ		61
QR ヒジを上げて投げられるかをチェックする		62
プロのお手本 イチロー選手の投げ方		64
QR ジュニア選手のお手本［投げ方のお手本］		65
QR 投げ方の練習 01 両ヒザ＆片ヒザをついてキャッチボール		66
QR 投げ方の練習 02 軽いバット振り		68
QR 投げ方の練習 03 バースロー		69
QR 投げ方の練習 04 下がりながらキャッチボール		70
QR 投げ方の練習 05 サイドスローでキャッチボール		71
QR 投げるためのトレーニング 01 棒回し（前後）		72
QR 投げるためのトレーニング 02 棒回し（1周）		73
QR 投げるためのトレーニング 03 うちわあおぎ		74
QR 投げるためのトレーニング 04 ペットボトルリフト		75
QR 投げるためのトレーニング 05 バット扇振り		76
QR 投げるためのトレーニング 06 ランニング・ダッシュ		77
QR 本格的なキャッチボールに挑戦！		78
コラム ●雲梯とサイドステップは投げる動きに最適の遊び		80

第3章

遠くまで強いボールを打つ！ 81

強いボールを打つために必要な動き		82
プロのお手本 大谷翔平選手の打ち方（インサイドアウト）		84
QR ジュニア選手のお手本［インサイドアウトのお手本］		85
QR コースを読む練習 01 ヒモを張ってボールを見極める		86

15

QR	コースを読む練習 02	グラブをはめてバッターボックスへ	88
QR	コースを読む練習 03	投球を見る	89
QR	ボールを打つ練習 01	トス&ティーバッティング	90
QR	ボールを打つ練習 02	片手でスイング	92
QR	ボールを打つ練習 03	水平に張ったライン上をスイング	94
QR	ボールを打つ練習 04	8の字スイング	95
QR	ボールを打つ練習 05	不安定な状態でテニスボール打ち	96
QR	ボールを打つ練習 06	ボール渡しで体幹強化	97
QR	打つためのトレーニング 01	砂集めで足の内側強化	98
QR	打つためのトレーニング 02	股割りスイング	99
QR	打つためのトレーニング 03	長い棒スイング	100
QR	打つためのトレーニング 04	バランスディスク片足スイング	101
QR	打つためのトレーニング 05	L字アングルに乗ってスイング	102
QR	打つためのトレーニング 06	メディシンボール投げ	103
QR	打つためのトレーニング 07	ポール投げ	104
QR	打つためのトレーニング 08	シーソースイング	105
QR	打つためのトレーニング 09	2種類のバットでスイング	106

第4章

ポジションごとの練習 ... 107

野球のポジションと役割 ... 108
プロのお手本 大谷翔平選手の投げ方 ... 112

QR	ジュニア選手のお手本 [ピッチングのお手本]		113
QR	ピッチャーの練習 01	台上スローイング	114
QR	ピッチャーの練習 02	ボールを叩きつける	115
QR	ピッチャーの練習 03	バット落とし投げ	116
QR	ピッチャーの練習 04	パラボリックスローでコントロールアップ	117
QR	ピッチャーの練習 05	タオルシャドー	118
QR	ピッチャーの練習 06	足を台に乗せてスロー	119
QR	キャッチャーの練習 01	アヒル歩き	120
QR	キャッチャーの練習 02	いろんなボールを捕る	121
QR	キャッチャーの練習 03	円に沿ってステップ	122
QR	キャッチャーの練習 04	バスケットボールにタッグプレー	123

QR 内野の練習 01 シングルハンドでキャッチ	124
QR 内野の練習 02 バックハンドでキャッチ	125
QR 内野の練習 03 ボールを捕ってランニングスロー	126
QR 内野の練習 04 ボテボテのゴロやバントへの対応	127
QR 外野の練習 01 目標を見ながら走る	128
QR 外野の練習 02 目でボールを追いながら捕球	129
QR 外野の練習 03 グラブを体から離してキャッチ	130
QR 外野の練習 04 チャージしてスロー	131
コラム●エラーからうまいチームを分析！	132

第5章 遊びながら技術&ルールを覚える野球ゲーム … 133

遊びのなかで野球を覚える	134
QR ベースボール型ゲーム 01 並びっこベースボール	136
QR ベースボール型ゲーム 02 中継プレーゲーム	140
QR ベースボール型ゲーム 03 サークルゲーム	144
QR ベースボール型ゲーム 04 進塁ゲーム	148
コラム●オランダの野球人口減少を止めた「ビーボール」	152

第6章 野球のルールとケガについて … 153

| 最低限覚えたい野球のルール | 154 |
| 練習のやりすぎによるケガ | 156 |

おわりに … 158

ここが新しい！本書の特長

この本は、最新の考え方や野球がうまくなる練習を中心にまとめた、まったく新しい内容になっています。ここではこの本の特長を紹介します。

ポイント1 誰でもうまくなる練習方法を紹介！

この本では、はじめて野球をする人からすでに野球をやっている人まで、誰もがうまくなる練習方法を掲載しています。少人数、そして場所が狭くてもできるベースボール型ゲームも紹介しています。

ポイント2 動画で見られる練習

この本に出てくる練習方法は、すべて動画で見られます。本とあわせて見ることで、練習の動きがわかりやすくなります。動画の見方は20ページで詳しく紹介しています。

ポイント3 プロのお手本とマネをしたいポイント

打つ、投げる、捕るなどプロ野球選手のお手本を紹介しています。皆さんに役立つポイントをピックアップしています。ジュニア選手によるお手本は動画で解説していますので、ぜひご覧ください。

本書の使い方

練習ページ

- 練習メニュー名
- プレーのポイント解説
- QRコード
- 練習メニューの概要
- ポイントやプレーのアイデアを解説
- 練習やプレーの悩みやポイントをコーチが解説

お手本ページ

- お手本の説明
- プレーのポイント解説
- ジュニア選手による動画
- マネしてほしいポイントを解説

動画の見方

ページにあるQRコードを、スマートフォンやタブレットのカメラやバーコードリーダー機能で読みとり動画を再生します。やり方が難しい場合は、お父さんやお母さんと一緒にやってみましょう。

 カメラを起動

スマートフォンやタブレットのカメラを起動します。または、バーコードリーダー機能のアプリを立ち上げます。

QRを読みとるモードにする

「読みとりカメラ」など、QRコードを読みとれるモードにします。機種によっては自動で読みとるモードになるものもあります。

QRコードを写す

画面にQRコードが表示されるようにします。その状態で少し待ちましょう。

表示されたURLをタップ

動画のアドレスが表示されるので、そこをタップすると動画がはじまります。

本のページのココを読みとる!

注意点

❶ 動画を観るときは別途通信料がかかります。Wi-Fi環境下で動画を観ることをおすすめします。

❷ 機種ごとの操作方法や設定に関してのご質問には対応しかねます。ご了承ください。

❸ 動画の著作権は株式会社池田書店に属します。個人ではご利用いただけますが、再配布や販売、営利目的の利用はお断りします。

第1章
野球は楽しみながらうまくなろう！

はじめて野球をする人や、
あまり野球をやったことのない人たちは、
ここから読んで練習をしていこう！

この章に出てくる
全練習の動画

いきなり
キャッチボール
は難しい

狙ったところに投げられない！

ボールを捕るのは難しい！

［投げられなくても捕れなくても大丈夫］

「野球をやりたい！」とはじめてみたものの、難しいのがボールを捕ったり、投げたりすることです。でも、そんな**野球をはじめたばかりの人でも簡単にできることが、ボールを打つこと**。もちろんピッチャーが投げる速いボールを打つことは難しいけれど、フワっと投げてもらったボールや、置いてあるボールを打つことはすぐにできます。まずはボールを打つ楽しさを感じてみましょう。そしてチームの仲間と遊びながら、少しずつ野球を覚えていけば大丈夫。

この章では、野球をはじめたばかりの人に向けて、**楽しみながらうまくなる練習を紹介**しています。

まずは楽しもう！

監督&コーチのみなさまへ

キャッチボールは複合的な技術

私が経過観察してきた結果では、しっかりとしたキャッチボールができるようになるのは10歳以降です。その大きな理由はキャッチボールには「ボールを捕る」「握り替える」「投げる」という複合的な技術が必要になるためです。

また小学生の集中力が持続する時間は、一般的に10〜20分と言われています。「できないことを、楽しくないのにできるまで延々とやらされる」ということは、子どもたちにとっては苦痛でしかありません。そのため、私たち指導者は、「楽しく野球を伝えること」と「いろいろなやり方で飽きさせないこと」、「徐々にしっかりと効果が出る方法」を用意する必要があります。また「1つの種目ができてから次の種目」ではなく、あれもこれも同時に、いろいろなことをやってみてください。

133ページからは野球初心者でもできるゲームも紹介しています。このゲームをやりながらこの章の練習方法をやってもらえると、とても楽しみながら野球が覚えられると考えています。

川村 卓
筑波大学体育系准教授、筑波大学硬式野球部監督。おもにスポーツ選手の動作解析や野球などの指導論を研究している。

無理な動きは大きなケガを招く

1つ知っておいていただきたいのは、無理やりキャッチボールをさせると、無理な投げ方をしてしまうことです。無理な投げ方を続けると、ヒジを中心にケガをしてしまうのです。下の表は、年齢ごとの最大投球数と、休息日数ごとに可能な投球数をまとめたもので、アメリカの「USAベースボール」というサイトに掲載されているデータです。「何球投げると体が壊れるのか」という実験はできないため、この数値が絶対的なものとは言えませんが、1つの目安になると思います。ぜひとも子どもたちの将来への安全を確保したうえで、野球の楽しさを伝えてください。

●年齢ごとの最大投球数のまとめ

年齢	1日の最大投球数	推奨する投球数	休息期間					
			0日	1日	2日	3日	4日	5日
7 - 8	50		1 - 20	21 - 35	36 - 50	—	—	—
9 - 10	75		1 - 20	21 - 35	36 - 50	51 - 65	66+	—
11 - 12	85		1 - 20	21 - 35	36 - 50	51 - 65	66+	—
13 - 14	95		1 - 20	21 - 35	36 - 50	51 - 65	66+	—
15 - 16	95		1 - 30	31 - 45	46 - 60	61 - 75	76+	—
17 - 18	105		1 - 30	31 - 45	46 - 60	61 - 80	81+	—
19 - 22	120		1 - 30	31 - 45	46 - 60	61 - 80	81 - 105	106+

USAベースボール「スマートピッチガイド」より

表の見方……例えば『9歳の選手が最大投球数を投げ、1日の休息期間を設けた場合には、その日の最大投球数は「21から35球」が目安になる』ということを意味する。

1章 野球は楽しみながらうまくなろう！

野球がうまくなるやり方

野球がうまい人たちがやっていること

楽しい！
↓
楽しいからもっとやりたい！
↓
もっとやるからうまくなる！
↓
野球がさらに楽しくなる

これを繰り返してどんどんうまくなります。

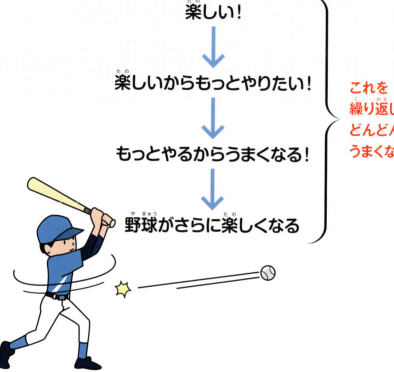

[楽しみながら野球を覚える]

　皆さんの身の回りの上手な選手たちも、「野球が楽しい！」と思ったからずっと続けられ、続けてきたからうまくなりました。だから「野球をやってみたいな！」と思ったら、まずは野球の楽しさをたくさん知ってください。
　他の子と比べて「これができないや」と落ち込まなくても大丈夫です。それよりも「やっぱり打つことが楽しい！」、「今日は3回もボールが捕れた」など、楽しいことをどんどんやっていきましょう。そうして野球を続けるうちに、できなかったことができるようになり、うまい野球選手になっていきます。

いろいろなことを同時にやろう！

1章 野球は楽しみながらうまくなろう！

「捕ること」や「投げること」ができないとキャッチボールをしてはダメだと思っていませんか？ そんなことはありません。どのスポーツも同じですが、野球も「これができないとダメ」ということはありません。**「うまく捕れない」、「狙ったところに投げられない」としても、キャッチボールをしたり、ノックの練習に参加してOKです。**

下の図のように、いろいろなことをしたほうが、うまくなる可能性が高くなります。「これをやらないといけない」「これはやっちゃいけない」という練習方法や運動はありません。「面白そう！」と思ったことをどんどんやることで、結果的に野球もうまくなっていきます。

こう考えなくてOK

Step1　捕る
↓
Step2　投げる
↓
Step3　キャッチボール

うう〜ん

このように「順番に覚えないとダメ」だと考えなくてOKです。楽しさを感じながら、いろいろなことにチャレンジしてみましょう。

こう考えよう！

捕る　走る　投げる
打つ　ノック
野球ゲーム　サッカー　ドッジボール

いろいろなことをすることでいつの間にかレベルアップしていく

いろいろなスポーツや運動をすることで、体を思いどおりに動かせるようになります。「野球と関係ない」と思える動きが、よいプレーを引き出すこともあるのです。

練習 ボールを打つ練習 01
台に置いたボールを打つ

Point ボールは打ちやすい場所に置く

カラーバットや軽いボールでOK

前足に体重を移してバットを振りはじめる

台の上にボールを置いてバットを構える

練習のポイント

飛ばしたいほうをしっかり見よう！

まっすぐ前にボールを飛ばすには？

よいタイミングでしっかりとボールに力を伝えられると、まっすぐにボールが飛びます。ボールを飛ばしたいほうを見ながら打ちましょう。

まずは楽しみながらボールを打ちましょう。置いたボールをバットで打つだけです。思いっきり遠くまでボールを飛ばしてみましょう。

1章 野球は楽しみながらうまくなろう！

バットにボールが当たっても力を緩めない

Point ヘッドが下がりにくいので、地面と水平にバットを振れる

最後までバットを振りきる。10球ほど繰り返す

ヘッド（バットの先端）

うまく打てると気持ちいい！

バットを地面と水平に振ることで、気持ちよくボールを打つことができるよ。ボールの真ん中にバットを当てることができるからなんだ

練習 ボールを打つ練習02
テニスラケットでトスバッティング

ボールが当たる面が広いテニスラケットを使うと、打つ経験が少なくてもボールを飛ばせます。遠くまでボールを飛ばす楽しさや気持ちよさを感じましょう。

Point 大きな面で気持ちよく打とう!

テニスラケットを構え、ボールをトスしてもらう

ラケットの面でボールを打つ

15球ほど繰り返す

気をつけて!
打ったボールに当たらないようにする

打ったボールが当たるとケガをすることがあります。とくに選手同士でやる場合には、トスを上げる人の前にネットを置くなどして、ボールが当たらないようにしましょう。

ボールを打つ練習 03
ネットやカーテンに向かって打つ

1章 野球は楽しみながらうまくなろう！

今度はバットでボールを打ってみます。ヘッドを下げず、できるだけ地面と水平にバットを振りながらボールを打ってみましょう。力強くボールが飛んだらOKです。

Point 靴下を丸めたボールを使うと家でもできる！

2人ペアになる

トスしてもらったボールを打つ

15球ほど繰り返す

\ 監督＆コーチの みなさまへ /

はじめは自由に打たせる

筋力がないうちは、ヘッドが下がっても仕方がありません。やみくもにヘッドを指摘するのではなく、選手たちの筋力を見極めながら指導してください。ヘッドが下がらずにスイングできるようになるのは、だいたい小学校4、5年生くらいからです。

◎練習 ボールを捕る練習 01

やわらかいボールを避ける

Point 体に当たっても痛くない やわらかいボールを使う

やわらかいボール（ここでは穴あきボールを使用）

2人ペアになり5mくらい離れる

軽く投げてもらったボールを見て避ける

いくよー

うまくできないときは

投げる前に声をかける

ボールが避けられない場合には、投げる方が「いくよ」などと声をかけてから投げたり、下から投げてみましょう。またペアの距離を7〜8mほど離してもいいでしょう。

ボールを捕るためには、ボールがどこに飛んでくるのかを予想して動くことが大切です。ボールをしっかりと見てどこに飛んでくるのかを予想する力を身につけましょう。

1章 野球は楽しみながらうまくなろう！

Point 見る力がつくので、ボールが怖くなくなる！

相手が避けたら次のボールを投げる

最小限の動きで連続してボールを避ける

一定の球数や時間ボールを避けたら役割を交代

避けるのも投げるのもうまくなった気がする

そうなんだ。この練習は避けることと一緒に、よく狙って投げる練習にもなるんだよ

練習 ボールを捕る練習 02

ボールを手ではたいて落とす

ボールを捕れない子に多いのが、グラブに当たったボールを弾いてしまうことです。まずはボールが手に当たったときに力を緩めることを覚えましょう。

Point

しっかりとボールを見て、手のひらに当てよう

ペアになり5mくらい離れる

ボールがきそうなところに手を出し、指先の力を抜く

手を引いてボールの衝撃をやわらげ、体の近くに落とす

一定の球数や時間で役割を交代する

うまくできないときは

フッと指先の力を抜く

ボールが手に当たる瞬間に、じゃんけんのパーのように指先まで力を入れてしまうとボールを弾いてしまいます。ボールが当たる瞬間には指先の力を抜きましょう。ボールが当たる瞬間に「フッ」と指先の力を抜く感じです。

ボールを捕る練習 03
帽子や素手でボールをキャッチ

ボールがどこに来るのかを予想できるようになったら、ボールの軌道を見ながら予想した場所に帽子を出して、ボールを捕ってみましょう。

Point ボールがどこに飛んでくるのかを予想してキャッチ！

帽子を持って立つ → どこにボールが飛んでくるのかを予想する → ボールを見ながら予想した場所に帽子を出す → 一定の球数や時間で役割を交代する

1章 野球は楽しみながらうまくなろう！

これならすぐにボールを捕れそう！

そうだね。「できそうだ！」と思うことは、とても大切なことなんだよ

ボールを投げる練習 01
壁当て

壁に向かって立つ

壁に向かってボールを投げる

慣れてきたら

低い壁を使う

低い壁を目がけて投げることで、「低めに投げるコントロール」が身につきます。低めに投げることは、素早く味方に返球するときなどに必要になります。

1人でできる、ボールを投げる練習です。ボールを捕る練習にもなるので、30～33ページの練習が活きてきます。

1章 野球は楽しみながらうまくなろう！

Point

シンプルだけど超大事！
1人でもできる投げ方と捕り方の練習だ！

投げ終えたらボールが転がってきそうなところへ素早く動く

ボールを捕る

10回ほど繰り返す

ノックを受けているみたいだね！

そうだね。野球では、ボールを捕って投げるまでが１つのプレーになることが多いんだよ。この練習はその動きを覚えられるし、１人でもできるノックのような練習といえるよね

練習 ボールを投げる練習 02
歩きながらボールを投げる

2人ペアになり、5〜7m離れる

2、3歩歩きながら投げる準備をする

練習のポイント

お互いに歩き続ける

前に歩いて投げるだけだと、少しずつ距離が近くなってしまいます。前に投げたらすぐに元の位置まで下がったり、投げる選手は前に、捕る選手は後ろに歩きながら、練習をしましょう。

ボールがうまく投げられないときは、腕だけで投げていることが多くあります。歩きながらボールを投げることで、全身を使った投げ方を覚えられます。

1章 野球は楽しみながらうまくなろう！

Point 左足（左投げなら右足）が前に出たときにボールを投げよう

左足が地面につくタイミングでボールを投げ、元の場所に戻る

※はじめは同じほうの手と足が前に出ることがありますが、気にせず投げましょう。

お互いに10〜15球ほど繰り返す

ボールがまっすぐにビュンといくよ！

いいね！ それが全身でボールを投げられている感覚だよ。しっかりと覚えておこうね

ボールを投げる練習 03
ヒザをついてボールを投げる

2人ペアで5〜7mほど離れて向き合い、ヒザ立ちで座る

大きく振りかぶってボールを投げる準備をする

慣れてきたら

片ヒザだけついて投げる

慣れてきたら、片ヒザだけついて投げてみましょう。立って投げるときに踏みだす足のほうのヒザを立てます。こうすると上半身が回転するため、より立って投げるときの動きに近くなります。両ヒザを立てたときと同じように大きく腕を振りましょう。

ボールをしっかりと投げるためには、腕を大きく振れることが大切です。足を使わずにボールを投げることで、腕を振ることに集中して投げられます。

1章 野球は楽しみながらうまくなろう！

Point 短い距離でOK！相手を見ながらボールを投げよう

- ボールを投げたいほうを見る
- しっかりと腕を振って投げる
- 10球ほど繰り返す

監督＆コーチのみなさまへ
ヒジが上がっていなくてもOK

正しく大きく腕を振るためには、ヒジが肩よりも高く上がることが必要です。けれども小学校4年生頃までは、体格的にヒジを上げることができない場合がほとんどです。無理に「ヒジを上げろ」と指導してしまうと、ケガにもつながりかねません。この年代の子どもたちには、ヒジの指摘をしないほうがよいでしょう。ただし全力で投げるとケガの原因になるため、投げる強度や球数に気をつけてください。

練習 キャッチボールに挑戦！

Point まずは近い距離でOK!

5〜7mほど離れて向かい合い、10〜15球ほどキャッチボールをする

うまくできないときは

いきなりできなくてもOK!

ちょっと練習をすれば、すぐにできることもあるし、すぐにはできないこともあります。キャッチボールは難しい技術ですから、すぐにうまくなることはほとんどありません。ですがこれまで紹介した練習をしていくと、10球のうち1球とか、5球のうち2球のように捕れる回数が増えていきます。

ボールを避けたり、弾いたり、投げたりする練習をしたらキャッチボールをしてみましょう。はじめはうまくできなくてもOK。少しずつ慣れていくつもりで挑戦してください。

1章 野球は楽しみながらうまくなろう！

捕ることが不安だったら、グラブに当ててボールを止めよう

うまく捕れないときは、相手との距離を短くしてみよう

うまく捕れたときはうれしい！

うまく捕れたときは、うまく投げてくれた友だちにも感謝しようね。両方がうまいからキャッチボールが続けられるんだよ

上級生になれば野球がうまくなる！

野球をはじめたころは、うまくできなくて当たり前です。下の表は、小学校3年生までの低学年と小学校4年生以上の高学年に「それぞれの技術がどのくらいできるのか」をたずねたアンケートの結果です。低学年のほうを見ると、「できないほうだ」や「まったくできない」という答えが多く見られました。ところが高学年になると、どの技術に対しても「できるほうだ」か「よくできる」という答えが増えています。

このアンケートを取ったチームの1週間の平均練習時間は約2.4日。1回の練習は約3.8時間です。そのくらいの時間、野球の練習を続けていけば、必ず野球がうまくなるのです。だから今はうまくできなくても、「野球の才能がない」なんて思う必要はありません。ちゃんと練習をして、体が大きくなっていけば、ぐんぐん野球がうまくなるからです。

● 野球のテクニックへのアンケート

低学年

	よくできる	できるほうだ	できないほうだ	まったくできない
ルールがわかる	0	10	75	19
バッティング	1	12	76	15
ボールを投げる	0	18	72	14
ボールを捕る	0	28	64	12

高学年

	よくできる	できるほうだ	できないほうだ	まったくできない
ルールがわかる	4	75	28	0
バッティング	5	60	41	1
ボールを投げる	9	63	34	1
ボールを捕る	7	78	21	1

どの項目を見ても、高学年になると「できるほうだ」や「よくできる」と答えた選手が多くなっています。今はできなくても、必ずうまくなれるのです

第2章

どんなボールでも捕る！狙ったところに投げる！

確実にボールを捕ったり、狙ったところへ投げられるようになろう。これができればキャッチボールができる！

この章に出てくる全練習の動画

グラブの作り方と使い方の基本

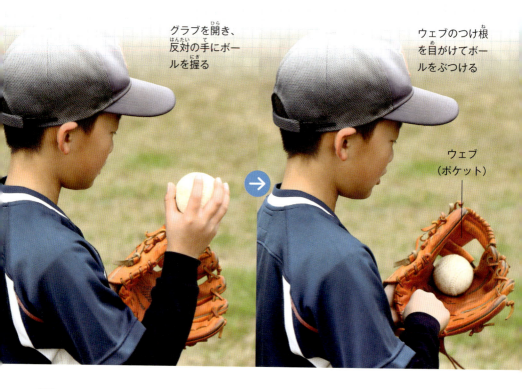

グラブを開き、反対の手にボールを握る

ウェブのつけ根を目がけてボールをぶつける

ウェブ（ポケット）

[ウェブ（ポケット）で捕りやすくする]

　ボールが捕れない原因の1つに、ボールを捕りにくいグラブを使っていることがあります。とくに低学年や中学年のみなさんは握力が弱いため、グラブの面にボールが当たるとつかむ前に弾いてしまうのです。**できるだけ手の大きさにあったグラブを選ぶことと、**

ボールをウェブのつけ根にぶつけてボールが捕りやすい形をつくりましょう。
　グラブのウェブとは上の写真の部分で、ポケットとも呼ばれます。グラブのウェブはボールを捕りやすいようになっているため、この部分を使ってボールを捕る練習をしましょう。

ここで手首を返す

ボールの向きに
あわせてグラブ
を動かす

2章 どんなボールでも捕る！ 狙ったところに投げる！

［ グラブの使い方の基本 ］

グラブの面がつねにボールへ向くように構えましょう。そのためには、ベルトの高さを目安にして、ウェブの向きを変えます。また体の真ん中を目安にして手首をひねり、グラブをシングルハンドの向きからバックハンドの向きに変えましょう。写真のようにグラブの中の手のひらと手首が90度になると、つねにグラブの面がボールのほうを向きます。

90°

プロのお手本
松井選手＆イチロー選手の捕り方

グラブの出し方

グラブをはめた手と反対側への打球は片手（バックハンド）で捕る

基本はできるだけ体の正面で、両手を使ってボールを捕る

グラブをはめた手のほうへの打球は片手（シングルハンド）で捕る

松井選手の動きでみんなにマネしてもらいたいところは、つねにグラブの面（手首）がボールに対して90度になっていることです（45ページ）。こうすることでボールを捕りやすく、捕ってすぐにボールが握りかえられます。グラブのなかで、いつもボールに対して手のひらが90度になるようにしましょう。

内野の名手だった松井稼頭央選手の動きは、ボールの方向ごとのグラブの出し方の参考になります。そして外野の名手であるイチロー選手の動きからは、フライのボールの追い方を参考にしてください。

2章 どんなボールでも捕る！ 狙ったところに投げる！

フライの追い方

ボールとグラブと視線が一直線になるようにグラブを構える

確実にボールを捕る

打球を見ながら、ボールが落ちる位置を考えながら走る。グラブを出して走らない

イチロー選手の動きでみんなにマネしてもらいたいところは、打球を見ながら走ることです。さらに遠くへのフライはボールを見ないで走りますが、これはある程度上手になってからで十分です。まずはしっかりとボールを見て走り、捕ることを大事にしてください。

練習

ゴロを捕る練習 01
斜め方向のステップ

① 縦に2m、横に3mの間隔で6〜10個のパイロンを置く

④ パイロンにタッチする

③ すぐにサイドステップで次のパイロンへ移動する

パイロン（マーカーなどでもOK）

Point 上に高く飛ばずに、すばやく斜め前に移動していこう

練習の工夫

ウォーミングアップに取り入れる

サイドステップは、ふだんはあまり使わない動きですので、できるだけ練習をしたい種目です。とくにこの動きになれていない低学年の皆さんは、ウォーミングアップに取り入れて、できるだけ数多くやってもらいたいと思います。

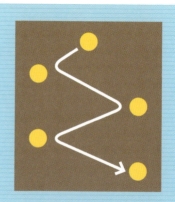

ゴロを捕るときは、できるだけ体の正面で捕りましょう。このサイドステップはそのために必要になります。ふだんはあまりしない動きですので、しっかりと練習しましょう。

2章 どんなボールでも捕る！ 狙ったところに投げる！

パイロンにタッチする

2〜3セット繰り返す

ステップだけで本当にうまくなるの？

フットワークを鍛えることが、ボールの正面に入ったり、捕ってからスムーズに投げることにつながるんだ。だからステップはとても大切なんだよ

練習 ゴロを捕る練習 02
バウンドキャッチからスローイング

走るライン

パイロンなどの目印をこのように置く

パイロンを回り込むように動く

回り込みながらグラブを構える

どうして遠回りしてボールを捕るの？

アウトを取るために大切な動きなんだ。確実にボールを捕ること、捕ったら素早く握りかえること、ボールを投げることを同時に練習できるんだよ

この練習ではボールを捕ってからすばやく投げるためのステップを練習します。走るラインがバナナ状なので、バナナラインと呼ばれています。

Point
投げやすいように、回り込んでボールを捕ろう

- 体の正面でボールを捕る
- 投げたいほうにステップしながらボールを握りかえる
- 走ってきた勢いを使ってボールを投げる
- 10回ほど繰り返す

2章 どんなボールでも捕る！ 狙ったところに投げる！

慣れてきたら

パイロンの置き方を変える

回り込んでボールを捕る動きができてきたら、パイロンの置き方や間隔をかえて、いろいろなバナナラインをつくります。この練習中だけでなく、ノックや試合など、いつでも回り込んでボールを捕れるようにしましょう。

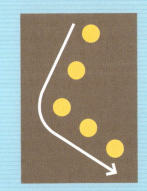

51

練習

ゴロを捕る練習 03
投げてもらったボールを捕ってスロー

楽な姿勢で構える

Point
サイドステップでボールの正面に回り込もう

ボールに対してバナナラインを描くように動く

うまくできないときは

体が開くときはグラブ側のヒジを投げるほうに向ける

狙ったところに投げられない場合には、すぐに両肩が投げたいほうを向いてしまうことが多いのです。これを「体が開く」といいますが、このような場合にはグラブをはめたほうのヒジを投げたい方向へ向けることで、狙ったところへ投げやすくなります。

これまで練習してきたステップや、バナナライン（50ページ）からボールを投げるまでの動きを使います。ノックの時間や場所が足りないときに、おすすめの練習です。

体の正面でボールを捕る

すばやくボールを握りかえて投げる

10球ほど繰り返す

2章 どんなボールでも捕る！ 狙ったところに投げる！

\ 監督＆コーチの /
\ みなさまへ /

中学年まではできなくてもよい

ヒジを上げられない選手たちにとっては、狙ったところへ投げることは非常に困難です。そのため、うまくできない場合には無理に投げ方を指導せず、63ページのチェックポイントがすべて「はい」になってから、投げ方の指導をしてください。

フライやライナーを捕る練習 01
自分で投げたフライをキャッチ

高く上がったフライを捕るための最初の練習です。自分で投げたボールを捕るため、あまり大きく移動せずに捕る練習ができます。グラブにボールが入る直前まで、しっかりとボールを見ることが大切です。

ボールを真上に投げられないです

ボールを手から離す位置が違うかもしれないね。まずは低くてもいいから、真上に上げることからはじめよう

ボールを持って立つ

大きく振りかぶって下から投げる

> 慣れてきたら

上投げでフライを上げる

慣れてきたら上から投げてより高くフライを上げましょう。ボールが高く上がるほど風や回転によって、落ちてくる場所が少し変わるため、捕る直前までボールを見ることが大事になります。

2章 どんなボールでも捕る！狙ったところに投げる！

ボールの落下点にすばやく移動する

おでことボール、グラブが一直線になるように構える

Point ボールが落ちてくるところでグラブを構えて捕ろう

 →  →

10球ほど繰り返す

フライやライナーを捕る練習 02
走って止まって捕る

手投げやノックでフライを上げてもらう

ボールが落ちそうな場所へすばやく移動する

しっかりと止まる

練習のポイント

止まることが大切

プロ野球選手など上手な選手は、走りながらボールを捕るイメージがあるかもしれません。けれども走りながらフライを捕ることは難しく、慣れないうちはボールを捕ろうとしても弾いてしまうことが多いでしょう。フライを確実に捕るためには、一度しっかりと止まることが大切で、そうすればボールを弾きにくくなります。

フライが上がったら、ボールの落下点に移動して捕ります。この練習では、フライを捕るために必要な動きを3つに分けていますので、1つひとつ正確にできるようになりましょう。

2章 どんなボールでも捕る！ 狙ったところに投げる！

「走る」「止まる」「捕る」。動きを1つずつ覚えよう

ボールの落下点にグラブを出す

確実にボールを捕る

ボールを捕ったら投げて返す。これを10球ほど繰り返す

慣れてきたら

後ろ向きは難しい！

横や後ろのボールを捕る

前にダッシュしてフライが捕れたら、ボールを投げてもらう方向を変えていきましょう。横に移動してフライを捕るほうがやりやすく、後ろに移動して捕るフライのほうが難しくなります。

練習03 フライやライナーを捕る練習

横目で追いながら止まれるくらいのところで捕る

ボールを見ながら全力で落下点に走る

走りながらグラブを構える

左右にフライを上げてもらう

うまくできないときは

グラブを構えずに走る

ボールを捕ることばかり考えてしまうと、グラブを構えながら走ってしまうことがあります。するとバタバタした走りになりやすく、頭がぶれてしまうため、うまく捕ることができません。グラブを構えずに走ってみましょう。

走るとうまく捕れないよ

グラブを構えないで走ってみよう。グラブを構えながら走ると、ドタバタして頭がぶれやすいんだ

1つひとつの動きができるようになったら、走りながらボールを捕ることに挑戦しましょう。大事なことは、走りながらずっとボールを見ておくことです。

Point
横目でボールを見ながら走って捕ろう

落下点にグラブを出す

10球ほど繰り返す

2章 どんなボールでも捕る！狙ったところに投げる！

慣れてきたら

あのあたりだ！

より遠くのフライを捕る

より遠くのボールを捕るためには、できるだけ早く「あのあたりに落ちるな」と思って動き出すことと、ボールを見ないで（目を切って）全力で走ることが必要になります。とくに目を切る動きはボールを見失いやすいので、「ボールを見ないで走る」「ボールの位置を確認する」という動きを繰り返しながらやってみましょう。

練習 01 捕ったボールを握りかえる練習
グラブにボールを叩きつけて握りかえ

捕ったボールをすばやく投げるためには、グラブのなかでボールを握りかえることが必要になります。まずはグラブのなかのボールを見ながら、確実にボールを握りかえましょう。

Point

ボールをしっかりと見ながら、グラブのウェブのつけ根に当てる

ボールを見ながら確実に握りかえる

グラブをはめ、ボールを持つ

ボールをグラブにぶつける

15〜20回ほど繰り返す

うまくできないときは

グラブを動かす

握りかえるときは、投げたほうの手でボールを握りにいくよりも、グラブを動かしてボールを投げた手に転がしたほうがうまくいきます。どのあたりに投げたほうの手を置くといいのかを考えながらやってみましょう。

手に転がしてみよう

捕ったボールを握りかえる練習 02
ボールを見ないで当てて握りかえ

すばやくボールを握りかえるために、ボールを見ないで握りかえましょう。うまくなるほど、ボールを捕ってから投げるまでの時間が短くなり、アウトが取れる確率が高くなります。

2章 どんなボールでも捕る！ 狙ったところに投げる！

Point リズムよく、グラブのウェブにボールを当てる

ボールを見ないでグラブにぶつける

グラブをはめ、ボールを持つ

15〜20回ほど繰り返す

これならどこでもできる！

プロ野球選手には、時間があればいつでもこの練習をしていたという人も多いんだよ。グラブをはめずに素手でやってもよい練習になるよ

ヒジを上げて投げられるかをチェックする

[ボールを正しく握れるかをチェック]

腕をしっかりと振って速いボールを投げるためには、ヒジを上げることが大切です。そしてヒジを上げるためには、ボールを正しく握れることが大切になります。下の〇の写真のように親指が下にくるようにボールを握れると、腕によけいな力が入らないため、ヒジを上げて投げられます。けれども×の写真のようにボールを握ると、腕の前側（前腕）に力が入ってしまい、ヒジを上げようとしても、うまく上げることができません。このことは技術ではなく体の成長の問題ですので、ボールがきちんと握れない10才くらいまでは、無理にヒジを上げる必要はありません。

人差し指と中指、親指を結ぶと二等辺三角形になる

ボールが大きいため、わしづかみのような握りになる

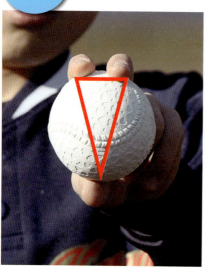

[ヒジが上げられるかのチェックポイント]

悪いフォームで投げ続けると、ヒジや肩を痛めてしまいます。けれども先ほどの握り方のように、正しいフォームで投げられない原因が成長や筋力不足の場合もあります。そこでまずは下のチェックをしてみましょう。そして正しいフォームで投げられない原因を知り、それを解決していきましょう。

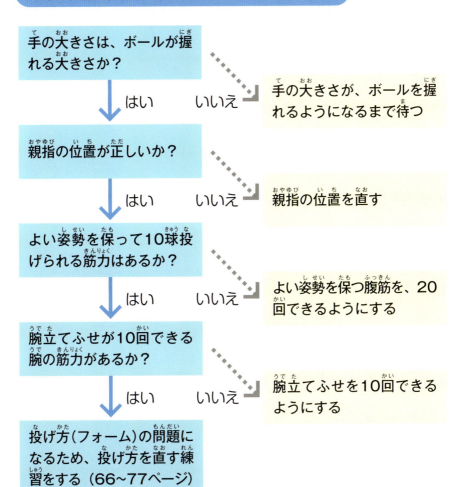

お手本　プロのお手本
イチロー選手の投げ方

軸足（右足）は投げたいほうに対して90度になる

前足（左足）を投げたいほうへ向けて踏み出す

ここまでできなくてもよいので、最低でもボールを耳の後ろまで持ってくる

みんなはグラブを胸の前に置こう

63ページのチェックの結果がすべて「はい」だった場合は、ぜひともイチロー選手のような投げ方を目指してください。またイチロー選手のすごいところは、ヒジを上げたときにボールが体の後ろまでいっているところです（3枚目）。これは背中の後ろ側（肩甲骨）がやわらかいからで、これがイチロー選手の強肩を生んでいます。

上半身のひねりと腕全体の振り(しなり)を使ってボールを投げるイチロー選手の投げ方は、とてもよいお手本です。体全体を使って投げることで、狙ったところに正確に、そしてすばやくボールを投げられるようになります。

2章 どんなボールでも捕る！ 狙ったところに投げる！

ヒジを前に出す

上半身と腕全体の振りでボールを投げる

みんなにマネしてもらいたいところは、
1）投げたいほうに対しての足の向き（1、2枚目）
2）ボールを耳の後ろまで持ってくる（3枚目）
3）上半身と腕全体の振りで投げること（5枚目）の3つです。
いつもこの3つのどこかに気をつけてボールを投げましょう。

65

練習

投げ方の練習01
両ヒザ&片ヒザをついてキャッチボール

両ヒザをついてキャッチボール

Point

ヒジを意識するのは、小学校4、5年生くらいから

腕を大きく振って10球程度、ボールを投げる

肩のラインよりもヒジが高く上がることが理想

両ヒザをつき、7～10m離れる。ヒジや腕を意識する

うまくできないときは

一度力を抜こう！

投げる前に腕を下げる

いいボールが投げられないときは、肩に力が入っていることがあります。投げる前にボールを持つ側の腕を下げて、肩の力をゆるめてから投げてみましょう。

投げるフォームの基本は、投げるほうのヒジをしっかりと上げることです。この2つのキャッチボールは上半身の動きに集中できるので、ヒジや腕の振りを意識しやすくなります。

2章 どんなボールでも捕る！ 狙ったところに投げる！

片ヒザをついてキャッチボール

Point 上半身全体が大きく動けばOK

腕を大きく振って10球程度、ボールを投げる

腕を大きく動かす（振る）

投げる手と反対側のヒザを立てる

監督＆コーチのみなさまへ

体が成長すればヒジを上げられる

39ページでも書きましたが、この練習は「ヒジを上げる」ことが目的です。けれども小学校低学年から中学年の選手たちは体がそこまで発達していないため、できないことも多いです。無理に「ヒジ」のことを指摘せず、体が成長して62ページのようにボールを握れるようになってからにしましょう。

投げ方の練習 02
軽いバット振り

「ヒジをしっかり上げる」という感じをつかむ練習です。ヒジを上げるというよりも、バットの先で大きな円を描くようにすると、よい感覚がつかみやすいでしょう。

- プラスチックのバット
- バットとグラブを合わせて構える
- バットの重さと回転でヒジが上がる
- **Point** これが「ヒジが上がる」感覚だ!
- この動きを10回ほど繰り返す

自然にヒジが上がる感じがする

それが大事なんだよ!無理やりヒジを上げるんじゃなくて、自然にヒジが上がる感じがつかめたらバッチリだ!

投げ方の練習 03
バースロー

より速く正確にボールを投げるためには、背中全体を上手に使うことが大切です。バー（棒）を投げることで、背中全体を使うときの「体のしなり」が身につきます。

2章 どんなボールでも捕る！ 狙ったところに投げる！

Point 背中をしならせてまっすぐ遠くに投げよう

しなりを戻すようにバーを投げる

この動きを10回ほど繰り返す

体全体をしならせる

 練習のポイント

できるだけ地面と水平に投げる

まずはしっかりと背中をしならせることを大事にしましょう。その感覚が出てきたら、できるだけバーが地面と水平なまま、まっすぐ遠くへ投げてみましょう。左右の腕を動かすタイミングや強さが違うと、バーはまっすぐに飛びません。

練習 投げ方の練習 04
下がりながらキャッチボール

下がりながらボールを投げると、自然にヒジが上がりやすくなります。特に肩の弱い選手におすすめの練習です。

無理なくボールが届く距離に

後ろに下がりながら投げる

Point できるだけ山なりにならないように投げよう

10球ほど繰り返す

全身を使ってボールを投げる。その後元の位置に戻る

練習の工夫

アップのキャッチボールに取り入れる

地道な練習ほど自分で目標を決めることが大切ですが、いつも目標を持ち続けることは難しいものです。毎日のキャッチボールにいろいろな投げ方を加えることで変化が生まれ、目標を持ち続けやすくなります。

いろいろなキャッチボールができて楽しい！

練習 投げ方の練習05
サイドスローでキャッチボール

試合では、姿勢が崩れたままボールを投げることがあります。普段からサイドスロー（横投げ）やアンダースロー（下投げ）など、いろいろな投げ方をしましょう。

2章 どんなボールでも捕る！狙ったところに投げる！

 横から腕を振って投げてみよう

  →

 10球ほど繰り返す

「サイドスローってかっこいいよね！」

「かっこいいだけじゃなくて、試合でも必要になる投げ方なんだよ。いろいろな投げ方に、どんどん挑戦しよう！」

練習

投げるためのトレーニング 01
棒回し（前後）

投げたり、打ったりするときに大事な腕のつけ根（肩甲骨）の周りの筋肉をやわらかくするトレーニングです。筋肉がやわらかくなると、ケガをしにくくなります。

足を開き、棒を持って立つ

Point
腕のつけ根にある肩甲骨を大きく動かそう

棒を地面と平行にしたまま前後に動かす

5回を2〜3セット行う

うまく棒を回せないよ

はじめは腕の幅を広くして棒を握るといいよ。慣れてきたら腕の幅を狭くしていこう

投げるためのトレーニング 02
棒回し（1周）

肩甲骨の周りの筋肉をやわらかくしながら、腕が動く範囲（可動域）を広くするトレーニングです。可動域が広くなることで、より大きく腕を振れるようになります。

2章 どんなボールでも捕る！狙ったところに投げる！

Point リズムよく棒を回そう

- 足を開き、棒を持って立つ
- 肩甲骨から動かして体の周りを1周させる
- なるべく腕を伸ばしたまま行う
- 左右各5回を2〜3セット行う

練習のポイント

肩甲骨は大事！

肩甲骨が動く範囲（可動域）を広げられると、肩回りをやわらかく使えます。そうすると、ボールを投げるときのケガのリスクを減らせるのです。すぐに効果がでる練習ではありませんが、長く野球を楽しむために、しっかりとやっておきましょう。

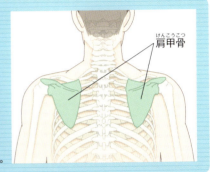

肩甲骨

練習

投げるためのトレーニング 03
うちわあおぎ

ヒジを上げて投げるためには、肩回りのいろいろな筋肉を使います。この練習は、肩回りの小さな筋肉を鍛えます。

ワキをしめてうちわを持つ

10往復を2〜3セット行う

ボードのクリップでうちわをはさむ（うちわだけでは負荷が弱い）

Point ワキをしめて左右にうちわを振ろう

[後ろ] 棘下筋
[前] 肩甲下筋

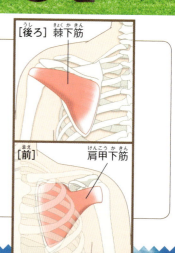

監督&コーチのみなさまへ

肩回りのインナーマッスルを鍛える

このトレーニングは、肩甲下筋や棘下筋などの肩回りのインナーマッスルを鍛えられます。肩甲下筋はヒジを前に出すきっかけとなる筋肉です。また棘下筋は、腕を振った後の肩の動きを止める筋肉になります。

投げるためのトレーニング 04
ペットボトルリフト

ボールを投げるときにひねる、ヒジのじん帯のトレーニングです。ヒジのじん帯は小さい部位ですが、ケガをしにくい体を作るのに大切です。ゆっくりと動かして鍛えましょう。

2章 どんなボールでも捕る！狙ったところに投げる！

Point ヒジがしっかりと伸びるところまで手首を返そう

ペットボトルに300〜500mlの水を入れて持つ

5秒ほどかけてヒジを伸ばしたり曲げたりする

簡単だね！でも本当に効いているのかな？

うん。とても小さいところを鍛えるから、そう思うくらいでちょうどいいんだよ

投げるためのトレーニング 05
バット扇振り

これもヒジのじん帯のトレーニングで、75ページの「ペットボトルリフト」よりも負荷が大きくなります。はじめは軽いバットを使い、慣れてきたらバットの重さを変えてみましょう。

Point
バットが地面と水平になるように大きく動かす

グリップを持ち、バットをゆっくり左右に動かす

10往復を2〜3セット行う

練習のポイント

ケガをした選手にもおすすめ

軽いバットを使った練習のため、トレーニング器具を使うよりも負荷が小さくなります。そのため少しずつヒジのじん帯を鍛えられます。これまでに肩やヒジを痛めたことのある選手にもおすすめの練習です。

投げるためのトレーニング 06
ランニング・ダッシュ

「投げる」「捕る」「打つ」すべての動きで必要になるトレーニングです。下半身を強化したり、姿勢をまっすぐに保てるようになります。

ランニング
練習の前後に取り入れる

ダッシュ

おへそを前に引っ張られるようなイメージで走る

Point
姿勢をまっすぐに保ったまま全力で走ろう

走ることが大切なのはわかるけど、野球の練習がしたい！

公園の芝など凸凹なところを走るといい練習になるし、うまくなるよ。ぜひやってもらいたいな

本格的なキャッチボールに挑戦！

7〜10mほど離れて向かい合う

自分で目標を決めて行う

7〜10m

剛速球を投げるぞ！

その気持ちはよくわかる！でも無理にスピードを上げようとすると、ケガをしやすいんだよ。これまでのトレーニングをしながら、少しずつスピードを上げよう

キャッチボールはプロ野球選手もやっている大切な練習です。「狙ったところに投げる」、「捕ってから素早く投げる」など、毎日目標を決めることで、確実にうまくなります。

 スピードよりもコントロールを大事にしよう！

胸のあたりを狙って投げる

2章 どんなボールでも捕る！狙ったところに投げる！

↓

捕ることが不安だったら、グラブに当ててみよう

一定の球数や時間繰り返す

\監督&コーチの/
\みなさまへ/

1日の投球数を考慮する

23ページで紹介した「1日の投球数の目安」ですが、これにはキャッチボールも含まれます。いろいろな講演会でこのことを話すと「それは無理だよ」という反応が多くありますが、まずは1日の投球数をカウントしてみてください。あまりにも投球数が違う場合には、選手たちの将来を守るために、投げない練習を取り入れる工夫が必要になります。

雲梯とサイドステップは投げる動きに最適の遊び

ここでは紹介しきれなかった、投げることに役立つトレーニングを紹介します。

投げる動きをそのまま使う雲梯

雲梯は体をひねりながら腕を伸ばさないと、前に進むことができません。この動きがじつは、投げる動きと非常に近いのです。体が大きくなって体重が増えると、とても難しくなるため、できるだけ小さい頃に、この遊びをしてもらいたいと思っています。できれば2段飛ばしくらいでやってみましょう。

投げる動きと必要な筋肉が自然に鍛えられる

サイドステップでバナナラインの動きを強化

50ページで紹介したバナナライン。これを作るために必要な動きがサイドステップです。素早く横に移動できるようになりましょう。ピタッと止まれるようになることも大切です。

横に動いてピタッと止まる動きがよいバナナラインにつながる

第 3 章

遠くまで強いボールを打つ！

バットにボールを当てることができたら、
より強く打つことを覚え、
より遠くまでボールを飛ばしましょう。

この章に出てくる
全練習の動画

強いボールを打つために必要な動き

[バットを振るスピードが大切]

　ボールを遠くまで飛ばすためには、バットを振るスピード（スイングスピード）を速くすることが大切です。バットを速く振れると、ボールに対して強い力を加えられ、ボールが遠くまで飛びます。**打つときの理想的なスイングを「インサイドアウト」と呼びます。**これはバットのグリップを体の内側（インサイド）から出していき、ヘッドが体の外側（アウトサイド）を通るようなスイングを意味します。**84ページに、理想的なインサイドアウトのスイングをしている大谷選手の写真があります。**今の段階では、この写真を見ながら、なんとなく「こんな感じか」と思ってもらえば十分です。

[打てるコースをどんどん打とう！]

　ストライクの元々の意味は、「打てるところのボールはすべて打ちなさい」ということです。ですから、**まずは「打てそうだ！」と思ったボールはどんどん打ちましょう。**はじめはボールにバットが当たらなくても大丈夫です。

　何度も繰り返していくうちに、「打てそうと思っても打てない」コースがわかってきます。そして「打てる」コースと「打てない」コースがわかれば、ヒットやホームランを打つ確率が上がっていきます。

身長も大切な要素

バットを速く振るためには、ある程度の身長が必要です。打ったボールが飛んでいくスピードを「打球スピード」と言いますが、下の表を見てください。これは身長が120cm台から150cm台までの小学生の野球の能力を調べた結果です。この表から、バットを速く振るためには、ある程度の身長が必要なことがわかります。身長が伸びるごとに打球スピードが速くなっていることがわかるでしょう。**つまり身長が伸びると、バットを速く振ることができ、打ったボールのスピードが速くなり、遠くまで飛びやすくなるのです。**身長が低いうちは、バットやボールのスピードにこだわらず先ほど書いたようにどんどんボールを打ち、打てる範囲（コース）を覚えていきましょう。

● 身長別野球力テスト

身長	平均身長 (cm)	体重 (kg)	打球スピード (km/h)	一塁走 (秒)	一周走 (秒)	球速 (km/h)	制球力 (点)	捕ってから投げる (点)
120cm台	125.9	25.5	66.3	5.1	21.1	58.0	3.2	35.4
130cm台	135.0	29.7	80.8	4.9	19.7	65.2	6.5	50.4
140cm台	145.4	36.9	82.7	4.7	18.9	69.8	5.4	54.2
150cm台	155.1	46.9	90.5	4.5	17.5	78.9	5.3	55.6

身長ごとの野球の能力（野球力）です。身長が伸びるほど、ほとんどの能力が高くなっていきます

インサイドアウトのすごいところ

インサイドアウトが理想的なバッティングと呼ばれることには理由があります。それは、**①スイングスピードが速くなる、②ボールを長い時間見られる、③タイミングが取りやすい、④バットを操作しやすい**、などです。特に自分が打てるコースがわかってくると、「打てるか？ 打てないか？」と迷うコースも出てきます。スイングスピードが速ければ、ボールを長い時間見ていられるので、余裕を持って「打つ」か「打たない」かの判断をすることができます。

お手本

プロのお手本
大谷翔平選手の打ち方
（インサイドアウト）

よい姿勢で立ち、いつでもバットが振れるように構える

後ろ足（左足）にしっかりと体重を乗せる

ボールがくるところを見ながら前足（右足）に体重を移動しはじめる

みんなはすり足でOK！

［ずっと大事にしてもらいたいインサイドアウト］

実は力がない小学生の頃が、自然に「インサイドアウト」のスイングをする選手が多いのです。その理由は力がないため、重いヘッド側が下がるからです。ところが体が大きくなって力がついてくると、力任せにバットを振ってしまいます。するとヘッドが速く前に出てしまったりして、「インサイドアウト」のスイングではなくなってしまうのです。そうならないように、力がついてからも、理想のスイングを心がけてください。

プロ野球選手でも、バッティングが上手な人は「インサイドアウト」のスイングをしています。ですから皆さんは今も、そして大きくなってからも、このスイングを大事にしてくださいね。

理想的なバットの振り方は、「インサイドアウト」のお手本です。まずはグリップを前に出しながらスイングに入ります。そしてグリップが前に出たら、体の遠くを通るようにヘッドを動かします。

グリップをボールがくるほうに出していく

グリップが出た後でヘッドが回り、ボールをとらえる

最後までバットを振りぬく

3章　遠くまで強いボールを打つ！

みんなにマネしてもらいたいところは、
1）足をすりながらタイミングを取ること
2）ボールに対してグリップから出していく（4枚目）
3）ボールを最後まで見ること（4、5枚目）
の3つです。
いつも気をつけてバットを振りましょう。

85

練習

コースを読む練習 01
ヒモを張ってボールを見極める

Point ボールに穴をあけて塩ビ管を入れ、ヒモを通す

ヒモの片側をフェンスなどに結び、反対側を持つ

バットを持って立つ

練習のポイント

イメージがつかみやすい

この練習は確実に狙ったコースにボールが来るため、ボールの動きを見たり、コースごとに「どうやったらボールがバットに当たるのか」を考えることに役立ちます。またいろいろなコースを見ることで、素振りをするときのイメージが作りやすくなります。

いろいろなコースに投げる

バッターとしての「予測力」を身につける練習です。ヒモを持つ位置でコースが変えられるので、コースによってボールがどこにくるのかを見極めることができます。

ボールをしっかりと見る

Point ボールがストライクかボールか、どこに来るのかを見極めよう

10～15球繰り返す

3章 遠くまで強いボールを打つ!

監督&コーチのみなさまへ

コースの見極めは小学生が適齢期

研究によると、コースの見極めは小学生の頃に身につけたという人が多かったです。まずは自由に打たせることからはじめ、徐々にコースを覚えていく工夫の1つに、この練習を使ってみてください。

コースを読む練習 02
グラブをはめてバッターボックスへ

ピッチャーが投げるボールでコースの見極めを覚える練習です。体が半身になるので片目でボールを見がちですが、しっかりと両目で見ましょう。

Point ボールをよく見てタイミングを取る

この動きを10球ほど繰り返す

グラブをはめてバッターボックスに立つ

両目でボールを見ながらグラブを出そうとする

 練習のポイント

タイミングを取る

バットで打つときと同じように、グラブを出すタイミングを大事にしましょう。体の真横辺りでボールを捕ったり、捕れるようなタイミングで、グラブを動かします。

コースを読む練習 03
投球を見る

バッターボックスでは、体がピッチャーに対して横を向いているため、ボールのコースが見づらいこともあるでしょう。審判の位置からだと、コースがよく見えるようになります。

3章 遠くまで強いボールを打つ！

コースを読みながら見よう

審判の位置に立つ

ボールやストライク、いろいろなコースを見極める

この動きを10球ほど繰り返す

監督＆コーチのみなさまへ

紅白戦の審判を任せる

子どもたちのすごいところは、自分たちで考え、すごい速さで進化をすることです。審判を選手に任せることで、コースの見極めだけでなく、戦術やルールへの理解力が高まります。

練習

ボールを打つ練習 01
トス&ティーバッティング

トスバッティング

十分にボールを体に引きつけて打つ

2人ペアになり、トスをしてもらう

10〜15球ほど繰り返す

気をつけて!

バッターの斜め横からトスをする

たくさんの選手が並んでボールを打つと、横からトスを上げるスペースが取れないことがあります。トスを上げる人がバッターの前側になると、打ったボールが当たりやすいのでとても危険です。同時に打つ人数を少なくしてでも、斜め横（45度くらい）からトスができる場所を作りましょう。

どちらも正しいスイングを身につける練習です。ティーバッティングでは打つタイミングを、トスバッティングではしっかりとボールに力を伝えることを大切にしましょう。

ティーバッティング

Point コンパクトにバットが振れているかをチェック！

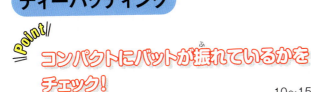

バットを持って構える

10〜15球ほど繰り返す

ボールを「しっかりと打てた」感覚があればOK

第3章 遠くまで強いボールを打つ！

練習の工夫

自分たちで作るスタンドティー

「練習したいけど、スタンドティーがない」。そんなときにおすすめなのが、手作りのスタンドティーです。2リットルのサイズのペットボトルに水を入れ、ペットボトルの上に「塩ビ管」(ホームセンターなどで購入可)をつけるだけで、簡単にスタンドティーが作れます。

ボールを打つ練習02
片手でスイング

前側の手でスイング

Point バットが地面と平行になるようにスイング！

- 前側の手でバットを持つ
- バットを持たない手はベルトを持つ
- 肩甲骨からスイングしよう
- 10回ほど繰り返す

練習のポイント

この練習後に両手でスイングする

前側の手と後ろ側の手のスイングができてきたら、それぞれの手の動きを考えながら両手でスイングしてみましょう。素振りでも、ボールを打つ練習でもOKです。つかんだ感覚をいつものスイングに取り入れましょう。

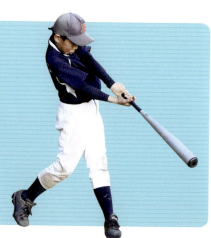

前側の手はバットを前に押す、後ろ側の手はバットを後ろに引くという役割があります。軽いバットを持って練習してみましょう。

後ろ側の手でスイング

Point 体が開く打ち方を直す練習にもなる！

3章 遠くまで強いボールを打つ！

- 体が開かないようにスイングする
- 右ヒジを体につけていくイメージ
- 10回ほど繰り返す
- 後ろ側の手でバットを持つ

体が開くと、なんでダメなんだろう？

体が開くとボールにしっかりと力を伝えられなくなってしまうんだよ。それに打ったボールがファウルになりやすいんだ

ボールを打つ練習 03
水平に張ったライン上をスイング

バットを地面と水平に振るとボールと当たりやすいため、ボールをミートする確率が高くなります（27ページ）。ヘッドの重さを利用しながらバットを水平に振る感じをつかむ練習です。

Point バットが地面と水平に動く感覚をつかもう

- 腰の高さにヒモを張る
- いつものバット
- ラインすれすれを通るようにバットを右に動かす
- ゆっくりと
- 10回ほど繰り返す

練習のポイント

ヘッドの重さを利用して振る

バットのヘッドは重いため、力で振ろうとしてもうまく振れません。地面と水平にバットを振るためには、ヘッドの重さを利用してバットを引いたり、前に出したりしましょう。また、バットがヒモに当たってはいけません。できるだけバットがヒモの近くを通るように振りましょう。

ボールを打つ練習 04
8の字スイング

バットのグリップを力いっぱい握ってしまうと、手首を自由に動かせずに、うまくボールを打てなくなります。この練習で、手首を自由に動かせるスイングを身につけましょう。

3章 遠くまで強いボールを打つ！

Point
手首をやわらかく使って、大きな8の字を描こう

ワキをしめて、8の字を描くようにバットを動かす

両足を開いて立ち、バットを両手で持つ

この動きを10回ほど繰り返す

手首が自由に動かせるとなんでいいの？

「ここでボールを打ちたい」と思ったところへバットが出せるようになるんだよ。手首に力が入ってしまうと、狙ったところとずれた場所にバットが出てしまうことが多いんだ

練習 ボールを打つ練習 05
不安定な状態でテニスボール打ち

ボールを力強く打つために必要な、後ろ足から前足への体重移動を覚えます。また不安定な状態でスイングすることで、よい姿勢を保ったままバットが振れるようになります。

Point できるだけフラフラしないでボールを打とう

バランスディスクやシーソー（105ページ）の上に立つ

太ももを内股のように絞ったまま全力でスイングする

10回ほど繰り返す

後ろ足から前足に体重を移動しながら打つ

太ももを絞る感覚が、いまいちつかめないな

そんなときは、102ページの練習をしてみようか。自然に太ももの絞りができるので、感覚がつかめるよ

ボールを打つ練習 06
ボール渡しで体幹強化

体幹とは、手と足以外の胴体の部分のことです。体幹の筋肉はよい姿勢で動くときにとても大切な部分で、この練習ではこの体幹を鍛えます。

3章 遠くまで強いボールを打つ！

1～2kgのメディシンボールを持ち、背中合わせに立つ

水を入れた(1ℓ)のペットボトルなどでもOK！

Point つま先の向きを変えずに腰をひねってボールを渡そう

左右10回ずつ繰り返す

腰、肩の順に体をひねってボールを渡す

うまくできないときは
ゆっくりと体を動かす

腰をひねる前に腕や肩が動いてしまう場合、ゆっくりと少しずつ腰をひねります。それでも難しい場合には、より軽いメディシンボール（練習用の重いボール）を使ったり、誰かにつま先を持ってもらいましょう。

打つためのトレーニング 01
砂集めで足の内側強化

「太ももを絞る」ために必要な、太ももの内側の筋肉を鍛えます。この筋肉を鍛えることでよい姿勢でバットが振れるようになり、ボールをさらに遠くへ飛ばせます。

Point 一回でたくさんの砂を集めよう

グラウンドなど土の上に立つ

両足を体の真下に寄せて砂を集める

できるだけ上に飛ばない

10〜15回繰り返す

うまくできないときは

両肩を押さえてもらう

うまく砂を集められないのは、高くジャンプをしているから。このような場合は誰かに肩を押さえてもらい、高く飛べないようにして挑戦しましょう。

打つためのトレーニング 02
股割りスイング

両足を大きく開いて素振りをしましょう。この練習では「太ももを絞る」動きと、「後ろ足から前足へ大きく体重を移動する」動きが同時に鍛えられます。

3章 遠くまで強いボールを打つ！

Point 体重を移動しながら腰を回してスイング！

- 両足をできるだけ大きく開いて立ち、バットを構える
- 太ももを絞ったままスイングの姿勢に入る
- ヒザを地面につけない
- 10〜15回繰り返す

うまくできないときは

何度か上下に動いてからスイングする

この練習で多い失敗は、ヒザが地面についてしまうことです。その原因は体重を移動する量が少ないこと。構えた姿勢から、何度か上下に動くことで体重を移動する感覚がつかめます。

腰を落とす感じで上下に動く

練習

打つためのトレーニング 03
長い棒スイング

長い棒は先が重いため、力で振ろうとしても安定したスイングができません。正しいインサイドアウト（84ページ）の動きで棒を振ることで、力に頼らないスイングが覚えられます。

Point　長い棒を振ることで正しいスイングが身につく

身長〜2mくらいの棒を持って構える

グリップを前に出すようにスイングに入る

ヘッドが前に出るようにスイングする

10〜15回繰り返す

棒が重くてうまく振れないよ！

グリップを前に出すことによって、バットを「振る」のではなく「（自然に）振れる」感じをつかもう！

打つためのトレーニング 04
バランスディスク片足スイング

「よい姿勢を保つ」ことと「インサイドアウトのスイング」を同時に身につけるトレーニングです。難しい場合はバランスディスクの空気の量を減らすと、上に立ちやすくなります。

3章 遠くまで強いボールを打つ！

Point

姿勢をまっすぐに保ってからスイングしよう

10〜15回繰り返す

バランスディスクの上に前足を乗せる

よい姿勢を保ったまま、グリップからスイングに入る

練習の工夫

後ろ足をディスクに乗せてスイング

よい姿勢ができていないと、この練習は難しくなります。その場合には他の練習をすることからはじめましょう。96ページの「不安定な状態でテニスボール打ち」や100ページの「長い棒スイング」がおすすめです。

練習 | 打つためのトレーニング 05
L字アングルに乗ってスイング

L字アングルという道具を使うことで、簡単に「太ももを絞った状態」が作れます。感覚をつかんだら、普段の素振りやバッティングでも同じ感覚を意識してください。

Point 太ももを絞る感覚をつかむ!

- L字アングルに両足を乗せ、ボールをトスしてもらう
- 太ももを絞る感覚をつかむ
- 最後まで太ももの絞りをキープする
- 10球ほど繰り返す

練習のポイント

L字アングル※を調節する

足の長さや力の強さは1人ひとり違います。そのため、自分で「なんとなく太ももに力が入っている」と感じる幅や角度に調節しましょう。またヒザが内側に入ると太ももの絞りが使いにくくなるので、注意しましょう。

※L字アングル……ホームセンターで購入できる工具（写真では人工芝を貼りつけています）

打つためのトレーニング 06
メディシンボール投げ

よい姿勢で体をひねることができると、大きな力を出せます。この練習では1〜2kgのメディシンボールを投げることで、大きな力を出す体の使い方を覚えられます。

3章 遠くまで強いボールを打つ！

Point
バットを振る動きでメディシンボールを投げよう

メディシンボールを持って立つ

全身（体幹）を使ってボールを投げる

左右10回ずつ繰り返す

下半身から動きはじめる

\監督＆コーチの／
\みなさまへ／

筋力のない選手にはやらせない

ある程度体ができてきた選手たちにはよい練習ですが、非常に負荷の高いトレーニングです。そのため、筋力のない選手が行うには、少しハードルが高い内容です。太ももを絞る感覚や体幹の筋力がある程度できてから、練習に取り入れてください。またはじめのうちは、軽いバスケットボールなどを使ってください。

練習

打つためのトレーニング 07
ポール投げ

バッティングに近い動きでポールを投げて、全身の筋肉を鍛えるトレーニングです。センター方向（正面）へポールを飛ばしましょう。体のひねりを身につける練習にもなります。

Point
センター方向にポールが飛ぶように素振りをするつもりで投げよう

ポールを持って立つ

バットのときと同じようにポールを振り投げる

周りの人に当たらないよう十分に注意！

左右10回ずつ繰り返す

うまくできないときは

センター方向に目印を置く

強い打球を打つためには、できるだけセンター方向に力を発揮することが大切です。センター方向にポールを飛ばせないときは、カラーコーンなどの目印を置き、目印に当てるつもりでやってみましょう。

コーンなどで目印を！

打つためのトレーニング⑧
シーソースイング

身体(重心)を後ろ足側から前足側へ、スムーズに移動させる練習です。バッティングでとても大切な動きになるため、プロ野球選手もこのトレーニングを取り入れています。

3章 遠くまで強いボールを打つ！

Point バランスが崩れないように体重を移しながらスイングする

後ろ足に体重を乗せて構える

トスに合わせて体重を前に運ぶ

10回ほど繰り返す

練習の工夫

シーソーは簡単に作れる

この練習で使うシーソーは、簡単に作ることができます。必要なのは厚めの板とパイプ、パイプをとめる金具だけです。お父さんお母さんやコーチと一緒に作ってみてください。自分たちで作った道具で練習をすると、練習へのやる気がもっとでてくるでしょう。

写真では人工芝を貼りつけています

練習 打つためのトレーニング 09

2種類のバットでスイング

ボールを遠くまで飛ばすためには、力（筋力）とバットを振るスピード（スイングスピード）が必要です。重さの違う2本のバットで素振りをすることで、スイングスピードを上げられます。

Point
重さの違うバットがスイングスピードを上げる！

どちらのバットも全力で振る！

軽いバットといつものバット、2本のバットを用意する

なんで2種類のバットを振るの？

重さが違うバットを全力で振ると、それぞれで違う筋肉が鍛えられるんだ。たくさんの筋肉を鍛えるとスイングスピードが速くなるんだよ

第4章 ポジションごとの練習

実戦で必要になるポジションごとの練習を紹介します。
自分のポジションだけでなく、いろいろなポジションの練習に挑戦しましょう。

この章に出てくる全練習の動画

野球のポジションと役割

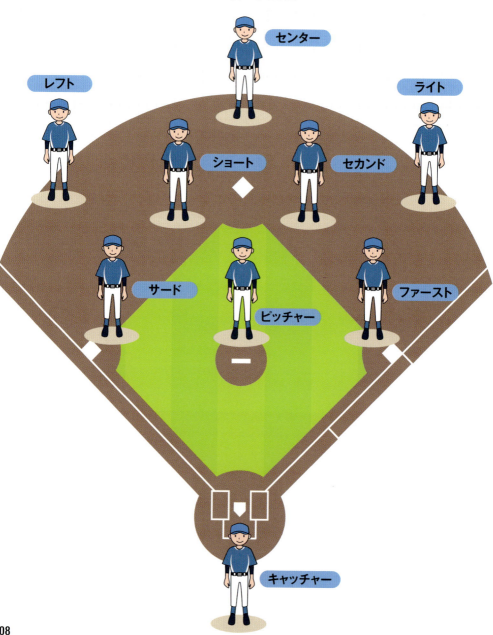

守備につく9人のポジションには、それぞれ特徴があります。ポジションごとの練習に入る前に、それぞれの特徴と役割を覚えておきましょう。

バッテリー

[試合を左右する大事な役割]

小学生のみなさんがピッチャーをやるときは、**ストライクを入れられることが大事です。ボールのスピードにはまだこだわらなくてよいでしょう。**もう少し大きくなって中学生や高校生のピッチャーになると、ボールの回転数が多いことやボールにキレがあることが、大事です。ある社会人野球チームのピッチャーは「コントロールがよいピッチャーに、部屋が汚い人はいない」と言っていました。**自分のことを何でも自分でやることは、今すぐにできることかもしれませんね。**

ピッチャー

[チームを支える大きな柱]

試合の状況を見て、チームの全員に指示をすることがキャッチャーの大きな役割です。それからよく野球を知っていることや、面倒見がよいこと、みんなを元気にできることなど、まさにリーダーとしての能力が必要になります。また**技術的には、ボールを捕るうまさやフットワークが求められます。**もちろん肩が強いほうがよいのですが、フットワークがよければ盗塁するランナーをアウトにできます。肩の強さを鍛えることには限度がありますが、フットワークは鍛えるほどうまくなっていきます。

キャッチャー

内野手

[もっともアウトを取るポジションの1つ]

ファースト

ファーストには、**ボールを確実に捕るミットさばき**が求められます。またできるだけ早くボールを捕るために、1塁ベースを踏んだまま、体をのばして捕る技術も必要です。ふだんはベースから離れて構え、ほかの内野手がボールを捕ったらベースに入りましょう。

[守備の中心になる司令塔]

セカンド

セカンドはボテボテの当たりそこねの弱いゴロや、ファースト側にきれていくような難しい打球がくるポジションです。**とても守備能力が必要になります。**また外野からのボールを捕ってどこに投げるかなど、中継プレーの中心にもなり、考える力も求められるポジションです。

[直線的な動きが重要]

サード

サードはファーストと同じくボテボテのゴロがきやすいため、まっすぐにダッシュする動きが必要になります。また右バッターが引っぱった強い打球も飛んでくるため、**一瞬で判断をして対応することが求められるポジションです。**

[キャッチャーと同じ能力が必要]

ショート

ショートは**内野でいちばんボールが飛んでくるポジションです。**守備範囲も広いため、たくさん動けるフットワークも必要になります。いろいろな捕り方や投げ方を使うことが多く、とても難しいのですが、その分かっこいいプレーも多いポジションです。

外野手

[遠くまで投げられる肩がいる]

ライト　ライトは3塁やホームへボールを投げることが多く、**ボールを捕ったらすぐにライナー（直線的な強いボール）で送球をする必要があります**。またファーストがエラーをしたときにボールを拾えるように、1塁ベースのバックアップをすることも大切な役割です。

[もっとも守備範囲が広いポジション]

センター　野手でいちばん広い範囲を守らなくてはならないのがセンターです。またバッターの傾向を考えて、ライト側とレフト側のどっち方向にボールが飛ぶかを判断するセンスも求められます。それから**理想は、ライトとレフトに守備位置を指示できることです**。

[難しい打球が多いポジション]

レフト　レフトに飛んでくるのは、右バッターが強く打った速いボールや、左バッターの回転がかかったボールになります。これらは捕ることが難しいので、レフトには**ボールを捕る高い技術が必要です**。また右バッターの打ったボールがすぐにくるため、すばやい動きも求められます。

4章　ポジションごとの練習

「やっぱりピッチャーだな」

「ショートがかっこいいな！」

「やりたいポジションがあることはいいことだけど、いろいろなポジションをやったほうがいいよ。そのほうが野球に詳しくなるし、いろいろなことが考えられるようになるんだ」

お手本

プロのお手本
大谷翔平選手の投げ方

よい姿勢で楽に構える

軸足に体重を乗せてピンと立つ

両肩が平行のまま体重を前足に移していく

[両肩が水平なまま投げられる]

大谷選手の投げ方を見ると、いつも両方の肩が水平です。肩が水平だと見ているところがぶれず、よい姿勢を保てるので、狙ったところに力強いボールを投げやすくなります。体重を移動するときに、太ももの内側に乗ることでこのような肩のラインがつくりやすい

のです。また、軸足に体重を乗せてしっかりと立つことや、軸足から前足へスムーズに体重を移動することも身につけたい動きです。左手の使い方も上手です。投げる前にグラブをワキの下に持ってくることで、右肩が前に出やすくなり、強いボールを投げられます。

大谷選手のピッチングは、軸足から前足にしっかりと体重を移動しているところと、全身を大きく使って投げているところが素晴らしいです。

ヒジをしっかりと上げて
ボールを投げはじめる

腕をしっかりと振ってボールを投げる

腕を振りきり、前足に体重が乗る

4章 ポジションごとの練習

＼参考にしたい／
　　ところ

みんなにマネしてもらいたいところは、
1）軸足にしっかりと体重を乗せる（2枚目）
2）太ももの内側に体重を乗せながら投げる
　　（3、4枚目）
3）腕を大きく振ってボールを投げる（5枚目）
の3つです。
これらに気をつけてボールを投げましょう。

練習

ピッチャーの練習 01
台上スローイング

台の上から低いところへ向かって投げることで、自然にヒジが上がる投げ方になります。マウンドとキャッチャーの距離と同じ16mくらいを投げてみましょう。

Point
台の上からキャッチャーにボールを投げよう

頭のてっぺんが地面から2m〜2m20cmくらいになる高さの台に乗る

高いところから投げると自然にヒジが上がる

10球ほど繰り返す

練習の工夫

身長が同じくらいのペアでキャッチボール

身長が一緒だと投げやすい！

自分よりも身長が高い人に向かって投げると、上向きにボールを投げるくせがつきやすくなります。上向きにボールを投げるとヒジが上がらず、よいフォームが身につかないので注意しましょう。できるだけ同じくらいの身長でペアを組むことがおすすめです。

ピッチャーの練習 02
ボールを叩きつける

地面にボールを叩きつけることで、大きな腕の振りや全身を使った投げ方が身につきます。せまい場所でもできる練習ですので、積極的に取り入れてください。

4章 ポジションごとの練習

Point
全身を使ってボールを地面にぶつけよう

立った姿勢からボールを投げはじめる

腕を大きく振ってボールを投げにいく

ヒジを上げて投げられるようになったらやりたい練習

10球ほど繰り返す

うまくできないときは

腕だけで投げていないかをチェック

地面にぶつけたボールが大きく弾まないときは、強いボールを投げられていないかもしれません。そのようなときはボールをぶつけたいところをしっかりと見ながら、上半身と腕全体を使って投げてみましょう。

ピッチャーの練習 03
バット落とし投げ

さらに強いボールを投げるためには、下半身も使って投げることが必要です。バットと腕をストンと落とした勢いで下半身を使い、今まで以上に大きく腕を振りましょう。

Point!! バットを落とした反動を使ってヒジを上げよう

- 軽いバットとグラブを持つ
- バットをストンと下げる
- プラスチックのバット
- 足を踏み出しながら、腕を上げる
- 10回ほど繰り返す

いつもよりも、腕が遠くまで動いている感じです

遠心力とバットの重さでヒジが上がりやすく、腕が伸ばされるからだよ。このような感じで投げられると、さらによいピッチャーになれるよ

ピッチャーの練習 04
パラボリックスローでコントロールアップ

ゴミ箱を狙って山なり（パラボリック）にボールを投げる練習です。肩やヒジに負担をかけずにでき、すぐ効果が表れます。

4章 ポジションごとの練習

10mほど離れたところにゴミ箱を置く

Point 山なりに投げることを大事に！

全力ではなく軽めに投げる

20〜30球繰り返す

うまくできないときは
ゴミ箱に入らなくてもよい

この練習の目的は、ボールをゴミ箱に入れることではありません。ゴミ箱を狙って投げることが大事で、そうすることでコントロールがよくなります。それに何度も続けていれば、必ずゴミ箱にボールが入るようになります。

練習

ピッチャーの練習 05
タオルシャドー

これもコントロールをよくする練習です。コントロールをよくするためには正しい腕の振りが大事。毎回ペアのグラブにタオルを当てるように、しっかりと腕を振りましょう。

Point ペアのグラブにタオルが当たるように！

腕を大きく振る

ペアになり5歩分離れて立つ

10回×2セットほど繰り返す

グラブに当てようとすると、なんか変な動きになるよ

当てようとしすぎると、体が前につっこみやすいんだ。「しっかりと腕を振ったらグラブに当たった」くらいがいいんだよ

ピッチャーの練習 06
足を台に乗せてスロー

前足を台に乗せると、前足への体重移動が難しくなります。それでもしっかりと体重移動することで、長い時間ボールを持って投げられるようになります。

4章 ポジションごとの練習

Point コントロールがよくなる！

前足を台に乗せる

しっかりと体重を移動し、前足に乗せる

10球ほど繰り返す

慣れてきたら
後ろ足を台に乗せて投げる

後ろ足を台に乗せると、いつも前足に体重が乗ることになります。そのため投げる時の前足の使い方を覚えられます。投げたときに前足のヒザが外に開かないようにしましょう。

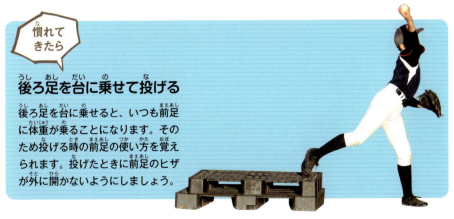

キャッチャーの練習 01
アヒル歩き

しゃがんで構えることが多いキャッチャーは、とくに足首のやわらかさが大切です。この練習は足首の動きにかかわる筋肉を働かせてやわらかくする効果があります。

Point お尻をできるだけ上げず、つま先立ちで前に歩こう

左足を1歩前に出す

両手を後ろに当ててつま先立ちをする

10mほど歩く

練習のポイント

野手や走ることにも必要

前側に体重をかけてゴロを捕ったり、すばやくスタートしたりするときにも、足首のやわらかさが必要です。そのためキャッチャーだけでなく、選手全員にやってもらいたい動きです。足首を使わないと固くなってしまうため、ウォーミングアップなどに取り入れましょう。

キャッチャーの練習 02
いろんなボールを捕る

キャッチャーがボールを捕るときに大切なことは、なるべくワキをしめることです。そうしないと、ボールが捕りにくくなり、すばやく投げることもできません。

Point
ミットの中の手がボールの正面になるように捕る！

ミットをはめたほうのワキをしめて構える

捕るときもワキを開かない

いろんなボールで

山なりやバウンドなど、投げるほうは変化をつける。20球ほど繰り返す

4章 ポジションごとの練習

練習のポイント

ワンバウンドなど変化をつけて！

どんなボールでも捕る

ピッチャーが安心して投げられるキャッチャーとは、どんなボールも捕ってくれたり、捕れなくても後ろにボールをそらさない選手です。そのため、この練習ではボールやスピード、コース、バウンドさせるなど、いろいろなボールを投げてください。

キャッチャーの練習 03
円に沿ってステップ

キャッチャーはボールが捕れない場合でも、体に当てて前にボールを落とすことが必要です。体をおわんのようにして、当たったボールが体の前に落ちる姿勢をつくりましょう。

地面に円を描き、どこでもよいので構える

Point
横に飛ぶようにすばやく左右へステップしよう

円にそって左右にステップする

上半身を前傾させて体をおわんのようにする

20回ほど繰り返す

練習のポイント
左右にすばやく動く

円にそって右回り、左回りのように動いたり、ペアになって片方の「右」「左」のかけ声で動いたりします。この姿勢がつくれると、ボールを捕れなくてもホームベースの近くに落とすことができるようになります。

おわんのように！

キャッチャーの練習 04
バスケットボールにタッグプレー

ホームインを防ぐことは、とても大切なプレーです。これはなかなかできない、ホームインを防ぐ練習です。ボールを弾き飛ばすようにミットを動かしましょう。

4章 ポジションごとの練習

Point
バスケットボールに体を向けて払うようにタッチしよう

走塁コースをあけて構え、バスケットボールを転がしてもらう

体をボールのほうへ向けてミットを動かす

10回ほど繰り返す

 慣れてきたら

ボールを捕ってから払う

バスケットボールを払う動きに慣れたら、投げてもらったり、ノックをしてもらったボールを捕る動きをくわえましょう。ボールを捕ったらすばやく体をバスケットボールに向けて払います。

ボールを捕ってバスケットボールを払う

練習 内野の練習 01
シングルハンドでキャッチ

打球の正面に入れないときは、片手でボールを捕ることが必要です。ここではグラブをはめた側への打球を片手で捕る、シングルハンドを紹介します。

Point
片手で捕ってすぐに投げられるように練習しよう

- よい姿勢で構える
- 打球のほうへダッシュして捕る
- 10球ほど繰り返す

慣れてきたら
ランニングスローと組み合わせる

何度か紹介していますが、ボールを捕って投げるまでが1つのプレーです。シングルハンドで捕る動きを覚えたら、走りながらすばやくボールを握りかえて投げるようにしましょう。投げ方は126ページで紹介します。

内野の練習 02
バックハンドでキャッチ

バックハンドは、グラブをはめたほうと逆側への打球を片手で捕るテクニックです。とくにショートやセカンドのポジションでは、必ず使う捕り方です。

Point 走っている方向にグラブを出して捕ろう

よい姿勢で構える

打球のほうへダッシュして捕る

10球ほど繰り返す

4章 ポジションごとの練習

バックハンドで捕って投げられる自信がないな

走っている向きと投げる向きが反対だから難しいよね。投げるときに体が上を向きやすいので、できるだけ体の前でボールを離そう！

練習 内野の練習 03
ボールを捕ってランニングスロー

ボテボテのゴロや体から遠い打球を捕った後は、走っている勢いを使ってボールを投げます。この動きがランニングスローです。体重移動などの身のこなしを練習しましょう。

Point
走り続けたまま狙ったところへボールを投げよう

スピードをなくさずにボールを握りかえる

ダッシュをして走りながらボールを捕る

10球ほど繰り返す

うまくできないときは
回り込んでボールを捕ろう

まっすぐボールに走り込むと、うまく捕れないことが多くなります。50ページの練習と同じで、ダッシュをしながら回り込んでボールを捕りましょう。

走るライン

パイロンやマーカーなど

内野の練習 04
ボテボテのゴロやバントへの対応

ボテボテのゴロやバントは、グラウンドによってイレギュラーなバウンドをすることがあります。このような打球は、グラブを前に出して、少ないバウンドのうちに捕りましょう。

4章 ポジションごとの練習

Point

少ないバウンドで捕るために
全力で前にダッシュ！

ボールに対してダッシュする

グラブを前に出してボールを捕る

10球ほど繰り返す

うまくできないときは

グラブだけを前に出さない

少ないバウンドで捕ろうとしすぎると、グラブを前に出しすぎてしまい、バランスが崩れ、うまくボールを捕れません。少ないバウンドで捕ることはとても大事ですが、「あの辺でバウンドするな」と考えながらグラブを出しましょう。

外野の練習 01
目標を見ながら走る

大きなフライが飛んでくる外野は、広い範囲を守ります。これは目標をしっかりと見ながら長い距離を移動する練習です。目標が見えていることを確認しながら走りましょう。

Point フライを捕る前の目標を「見る」練習！

目標となるもの（フェンスや柱）を決める

目標を見失わないように走る

5回ほど繰り返す

うまくできないときは
グラブを体の近くに持ってくる

目標が見づらかったり、見失うときは、グラブが体から離れたり、腕を振りすぎていないかを確認しましょう。腕をたたんでグラブを胸のあたりに置いたまま、すばやく走れるようになると理想的です。

練習 外野の練習02
目でボールを追いながら捕球

目標を見て走れるようになったら、ボールを追いながら走り、捕ってみましょう。ボールは目標物と違い、風や回転で飛ぶ方向が変わるので、しっかりと見続けることが大切です。

Point
フライがどこに落ちるのかを考えながら追う！

10球ほど繰り返す

フライを上げてもらう

→ ボールを見ながら走って捕る →

うちのコーチ、フライを打つのがあんまりうまくないんです

そうしたら、テニスラケットでテニスボールを打ってフライを上げるといいよ。バットで打つよりもフライが安定しやすいんだ

練習 外野の練習 03
グラブを体から離してキャッチ

フライに追いつけない場合は、ゴロを片手で捕るように、グラブを体から離して捕ります。すぐに握りかえて投げられるように、できるだけヒジよりも高いところで捕りましょう。

Point 間に合わない場合には、腕を伸ばしてボールを捕る

フライを見ながら走る → グラブの面をボールのほうに向けて構える → 10球ほど繰り返す

練習の工夫

フライの練習のやり方

フライの捕り方を覚える場合、まずは真横に飛んだボールを捕ります（右の1）。真横に慣れてきたら、2、3、4とフライを上げる方向を変えていきます。このように練習すると、フライの捕り方がすぐにうまくなります。

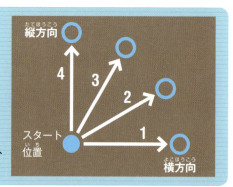

外野の練習 04
チャージしてスロー

ランナーを進ませないためには、できるだけすぐに内野へボールを返さないといけません。できるだけ前進（チャージ）して、ボールを捕って投げましょう。

Point
全力でダッシュして捕る！
いままでの練習が活きてくる！

ダッシュしてゴロを捕る

はじめは左足が前で捕る

走りながらボールを握りかえる

10球ほど繰り返す

慣れてきたら

右足が前で捕る

確実にボールを捕るためには左足を前に出して捕りますが、すばやく投げるためには右足を前に出したほうが短い時間で投げられます。ボールを捕りにくくなるので、自信が出てきたら、右足が前で捕ることに挑戦してみましょう。

エラーから うまいチームを分析！

捕るエラーか？投げるエラーか？

右のグラフは、小学生の全国大会と地方大会（つくば市）の試合から集計した守備についての結果です。全国大会に出るチームは10回中1回しかエラーをしていませんが、地方大会のチームでは10回中2回はエラーをしています。それが「そのままエラーによる得点率」にもつながっていますね。そして大きな違いはエラーの割合です。全国大会のチームは、捕ることはできたけれども、投げるときに失敗してしまうケースが多くありました。グラフを見ると、4回中3回はボールを捕れていることになります。ところが地方大会を見ると、10回中6回もボールを捕れないエラーをしています。勝てるチームや上手な選手になりたいと思ったら、まずはしっかりとボールを捕ることが、とても大事になるのです。

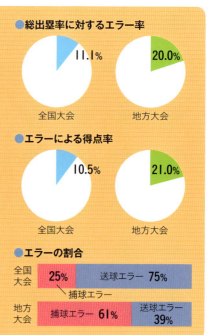

●総出塁率に対するエラー率
全国大会 11.1% ／ 地方大会 20.0%

●エラーによる得点率
全国大会 10.5% ／ 地方大会 21.0%

●エラーの割合
全国大会　捕球エラー 25%　送球エラー 75%
地方大会　捕球エラー 61%　送球エラー 39%

全国大会のピッチャーはピンチに強い

もう1つおもしろい結果を紹介しましょう。ピッチャーについてですが、どちらも10球中5球と、投げたボールの半分くらいがストライクになっています。ただし3ボールになったときに大きな違いが出てきます。全国大会では10球中9球ちかくがストライクですが、地方大会では10球中6球くらいしかストライクが入りません。ストライクが入らなければ、それだけフォアボールを出してしまうことになるので、相手に点を取るチャンスを与えてしまいます。このあたりが試合に勝てるかどうかの1つの目安になるでしょう。

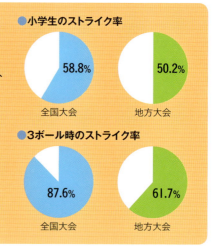

●小学生のストライク率
全国大会 58.8% ／ 地方大会 50.2%

●3ボール時のストライク率
全国大会 87.6% ／ 地方大会 61.7%

第5章

遊びながら
技術&ルールを覚える
野球ゲーム

少人数でも
狭い場所でも
できる！

いろいろなゲームを楽しみながら、
野球のルールも覚えられる！

この章に出てくる
全練習の動画

遊びのなかで野球を覚える

［ ベースボール型ゲームとは ］

　打って遠くまでボールを飛ばすことや点を取ることは、野球でいちばんおもしろいことです。**守備の難しさをできるだけ少なくして、打つ楽しさを覚えてもらいたくてつくったのが、ベースボール型ゲームです。**それから打つ楽しさに走ることやボールを捕ること、投げることを加えたのが、ゲームの2から4です（140ページ～）。このようなゲームをしながら、野球の楽しさや試合をするためのルール、仲間と協力することなどを覚えていきましょう。

［ ルールを変えてもOK！ ］

　それぞれのゲームでは、基本になるルールを説明しています。けれども、**自分たちでルールを変えてもOKです。**
　たとえばゲーム1でアウトを取るには、ボールの周りに守備の選手が集まって座り、「アウト」と声を出します。守備に慣れてすぐにアウトが取れるようになったら、「守備の選手全員が手をつないで座り、アウトという」というルールに変えることで、打つほうは点を取りやすくなります。

自分たちで審判をする

はじめは監督やコーチに審判をしてもらいましょう。そしてゲームになれてきたら、自分たちで審判もやってみます。選手たちのプレーを見ながら判断をし、はっきりと「セーフ」や「アウト」を声に出してみましょう。

監督＆コーチのみなさまへ

できるだけ大人は介入しない

私たちも経験がありますが、子どもたちにこれらのゲームをやらせると、見ていて歯がゆいところが出てきます。たとえば136ページの「並びっこベースボール」では、より遠くのコーンを回ってこれそうなところを、手前のコーンで折り返してきたり、守備側のみんなが集まっているのに1人だけ動かずにいる選手がいたりします。このようなときにはつい「もっと遠くを回れるよ」「〇〇くん、動いて！」などと声をかけてしまいたくなります。ところが子どもたちの判断力の成長は素晴らしくて、何度か繰り返すうちに自分たちで「もっと（先のコーンまで）行けるよ」「みんな集まって！」などと声をかけるようになっていきます。そしてこうした経験が子どもたちの野球センスを磨いたり、戦術眼を身につけるきっかけになっていきます。このような成長の瞬間を、大人が介入して止めてしまわないように、少しだけ歯がゆさをがまんしてみてください。

どうしてもアウトが取れないときには「介入ポイント」を示しましたので、参考にしてみてください。

5章 遊びながら技術＆ルールを覚える野球ゲーム

練習 ベースボール型ゲーム 01
並びっこベースボール

グラウンドの準備
❶ カラーコーンを3つほど置く
　（コーチが立ってもOK）
❷ 1塁線と3塁線の2本の線を引く

最低人数〜最大人数
8人（1チーム4人）〜18人（1チーム9人）

打って、走って、得点する。みんなで守ってアウトを取る。いちばんルールが簡単なベースボール型ゲームが並びっこベースボールです。

使う道具

- ソフティーボール（樹脂製のボール）もしくはやわらかいボール
- バット（やわらかいボールの場合はカラーバットでもOK）
- カラーコーン（なくてもOK）
- テニスラケット
- スタンドティー（91ページの手作りスタンドティーでもOK）

基本的なルール

❶ 全員が打ったら攻守を交代する（時間制にしてもよい）
❷ コーンの遠くを回るほど得点が高くなる

→ 攻撃と守備のやり方は次のページ

5章 遊びながら技術＆ルールを覚える野球ゲーム

コーチの皆さんへ
樹脂製のボールを使うのは、ボールが弾まないからです。ボールが弾むと子どもたちは何度もボールを追いかける必要があるため、そこで体力を消耗してしまいます。特に小さい子どもたちは体力がありませんから、このような配慮が必要です。またバットとしてテニスラケットを使う理由は、単純にバットよりボールに当たりやすいからです。テニスラケットを使う場合は、大人がトスを上げてください。

ベースボール型ゲーム 01
並びっこベースボール

攻撃のやり方

 ①

バッターの順番を決める。バッターはスタンドティーにボールを置くか、トスをあげてもらうかを選ぶ

②

ボールを打つ。ボールが5m以上飛んだらフェア、5mに届かなければファウル

5メートル　ファウル　　フェア

③

ホームに帰ったら得点が入る

バッターは打球を見ながら走り、選んだコーンを回って戻ってくる

コーンを回って戻ってきて、もう1周走れそうなら、さらにコーンに向かって走ってもOKです。守備の選手たちやボールの場所を見ながら、たくさん点を取りましょう

守備のやり方

①　バッターがボールを打ったら、打球を追いかける

②　地面に落ちたボールを捕った選手の周りにほかの選手たちも集まる

③　円を描くように全員が座り、声を合わせて「アウト」とコールする

審判がチェックすること

❶アウトまでに何点取れたかをコールする
❷得点を記録する（ほかのコーチに任せてもOK）

タスクゲームは、1塁線と3塁線の角度が60度くらいでもできます。チームの人数が多い場合には、2か所や3か所で同時に行うこともできます。

5章　遊びながら技術＆ルールを覚える野球ゲーム

ベースボール型ゲーム 02
中継プレーゲーム

キャッチャー

ランナー

グラウンドの準備

❶ カラーコーンを3～5つほど置く
　（コーチが立ってもOK）
❷ 1塁線と3塁線の2本の線を引く
❸ ホームベースを2つ用意する

最低人数～最大人数
8人（1チーム4人）～18人（1チーム9人）

「ボールを投げてアウトを取る」ルールを加えたタスクゲームが、中継プレーゲームです。ボールを捕った選手は他の選手にボールを投げ、捕った選手がホームにボールを投げてアウトを取ります（これを中継プレーと言います）。

使う道具

- 軟式のボール
- バットやテニスラケット
- カラーコーン（なくてもOK）
- スタンドティー（91ページの手作りスタンドティーでもOK）

基本的なルール

❶ 全員が打ったら攻守を交代する（時間制にしてもよい）
❷ より遠くのコーンを回るほど得点が高くなる

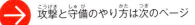 攻撃と守備のやり方は次のページ

指導者の介入ポイント
何度かプレーをしたあと、なかなかアウトが取れない場合には、次のポイントを見てみましょう。「どこに中継の選手が入ると返球がスムーズになるか」「適切な選手同士の間隔はどのくらいか」「中継に入る選手は1人でいいのか、2人くらい必要なのか」。そしてできていないようであれば、コーチが守備側に加わって「〇くん、こっち」「●くん、あのあたりにいて」など簡単な指示を加えながら、よりよいプレーができるヒントを与えてみましょう

ベースボール型ゲーム 02
中継プレーゲーム

攻撃のやり方

①

バッターとランナーの順番を決める。バッターはスタンドティーにボールを置くか、トスをあげてもらうかを選ぶ

②

ボールを打つ。ボールが5m以上飛んだらフェア、5m届かなければファウル

5メートル　ファウル　　　　フェア

③

ホームに帰ったら得点が入る

ランナーは打球を見ながら走り、選んだコーンを回って戻ってくる

このゲームでは、キャッチャーが入ります。ランナーとキャッチャーがぶつからないよう、キャッチャーがいるホームベースと、ランナーが帰ってくるホームベースを分けましょう。

守備のやり方

1

バッターがボールを打ったら、打球を追いかける

2

ゴロでもフライでも、ボールを捕ったらホームベースのほうへ返球する

3

必ず１人以上の選手が中継をして、ボールをホームまで返球する

審判がチェックすること

❶ホームへ返球されるのを見て、アウトまでに何点取れたかをコールする
❷得点を記録する（ほかのコーチに任せてもOK）

ゲームに慣れてきたら、ボールがそれたときのために、キャッチャーの後ろに選手が入りましょう。これは試合でも大切な、バックアップというプレーになります。

5章 遊びながら技術＆ルールを覚える野球ゲーム

練習

ベースボール型ゲーム 03
サークルゲーム

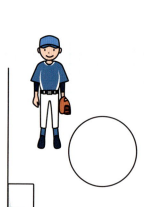

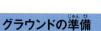

グラウンドの準備
❶ 各塁にベースを置く
❷ 1塁と2塁の間、2塁と3塁の間に、直径3mほどの円を描く
（目印を置いて代用してもよい）

最低人数～最大人数
8人（1チーム4人）～18人（1チーム9人）

このゲームではカラーコーンではなく、試合のように各ベースを回ります。また守備もボールを捕ったら、すぐにサークル内の選手に投げてアウトを狙います。試合に近いゲームで、得点を狙いましょう。

使う道具

● 軟式のボール

● バット

● スタンドティー
（91ページの手作りスタンドティーでもOK）

基本的なルール

❶ 全員が打ったら攻守を交代する（時間制にしてもよい）

❷ より先のベースに行くほど得点が高くなる（1塁は1点、2塁は2点、3塁は3点、ホームは4点）

→ 攻撃と守備のやり方は次のページ

指導者の介入ポイント

なかなかアウトが取れない場合には、打球を見て捕りにいく選手と円に入る選手など、それぞれの役割を伝えましょう。ただし子どもたちが自分たちで考え、役割に気づく可能性もあるので、少しでも工夫をする様子が見えたら、しばらくは見守ってください。

練習 ベースボール型ゲーム 03
サークルゲーム

攻撃のやり方

① 打つ順番を決める。バッターはスタンドティーにボールを置く

バッターは打って走るまでを1人で行います。守備の位置を見ながら、どこに打ったら先の塁まで走れるのかを考えてみましょう。

② ボールを打つ。ボールが5m以上飛んだらフェア、5m届かなければファウル

③

3点

2点

バッターはボールを打ったら、ファーストに向かって走る。できるだけ先の塁を狙う

4点

1点

守備のやり方

1

バッターがボールを打ったら、打球を追いかける

2

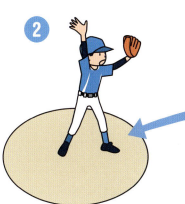

1人の選手がどちらかの円のなかに入って送球を待つ

3

ボールを捕った選手は円のなかにいる選手に向かって投げる。

5章 遊びながら技術＆ルールを覚える野球ゲーム

審判がチェックすること

❶円のなかの選手がボールを捕る前に、どのベースまで踏めたかを確認し、アウトまでの得点をコールする
❷得点を記録する（ほかのコーチに任せてもOK）

ボールを捕ったら近くの塁に投げるという動きは、守備の基本的なプレーです。「誰が円に入るのか」「どちらの円が近いのか」など、状況を判断することが必要です。

ベースボール型ゲーム 04
進塁ゲーム

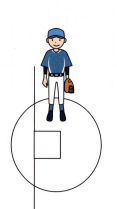
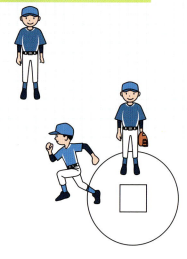

グラウンドの準備
❶ 各塁にベースを置く
❷ 各塁を囲むように直径2mほどの円を描く

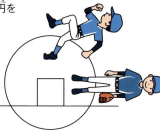

最低人数〜最大人数
12人（1チーム6人）〜18人（1チーム9人）

ランナー1、2塁ではじめるゲームです。アウトの前にホームベースを踏まないと得点ができないので、ランナーの役割が大切になります。とくにフライを捕られたらアウトになるので、このときの動きが重要です。

使う道具

● 軟式のボール
● バット

基本的なルール

❶ 3アウトで攻守を交代する
❷ ホームベースを踏んだら1点

→ 攻撃と守備のやり方は次のページ

指導者の介入ポイント

通常の野球と同様に、フライは捕ったらアウトになります。そのためランナーには、「ボールを捕る前に走ったらアウト」（ダブルプレー）になってしまうルールを教えてください。また理解してもらうことが難しいのは、2アウトのときのフライへの対応です。2アウト時のフライは、捕られたら攻守交替、エラーをしたら得点につながるため、打つと同時に走ることがセオリーです。子どもたちは理解するまでは、「なんで？」と感じるでしょう。1、2回の説明では理解をしてもらえないでしょうが、絵を描いたりしながら、子どもたちが理解できるまで伝えてください。

ベースボール型ゲーム 04
進塁ゲーム

攻撃のやり方

①

打つ順番を決める。また1塁と2塁にランナーが入る

打ってすぐに走ってしまうと、2つのアウト（ダブルプレー）を取られてしまうことがあります。ランナーはアウトにならずにホームベースを踏めるように、打球を判断しましょう。

②

バッターは味方がトスしたボールを打つ。ボールが5m以上飛んだらフェア、5m届かなければファウル

5メートル　ファウル　　フェア

③ バッターはボールを打ったら、ファーストに向かって走る。ランナーは打球を判断して先の塁を狙う

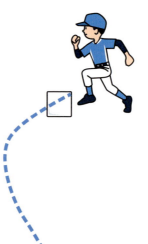

④ ホームを踏んだら1点

守備のやり方

1. バッターがボールを打ったら、打球を追いかける

2.

打球から近いベースの選手は、円のなかに入って送球を待つ

3.

ボールを捕った選手は円のなかにいる選手に向かって投げる

審判がチェックすること

❶ アウトが取れたか
❷ ホームインしたか
❸ 得点を記録する（ほかのコーチに任せてもOK）

試合ではタッチアップやダブルプレーなど、難しいプレーが出てきます。プレーの意味がわからなければ、監督やコーチに教えてもらい、このゲームで実際に試してみましょう。

5章 遊びながら技術&ルールを覚える野球ゲーム

オランダの野球人口減少を止めた「ビーボール」

ヨーロッパの野球の強豪国にオランダがあります。そのオランダでも野球人口の減少が深刻な問題でした。そこでオランダ王立野球・ソフトボール協会（KNBSB）が野球の問題点のアンケートを取ると、「広いグラウンドが必要」「試合をするのにたくさんの人数が必要」「ルールが複雑」などの回答がありました。この結果をうけてKNBSBは、初心者が気軽に野球に触れられるように「ビーボール（Beeball）」を考えたのです。ルールは日本にある「三角ベース」とよく似ているのですが、これがたくさんの人に受け入れられ、2009年からは、オランダの野球人口減少が止まったそうです。この章で紹介したベースボール型ゲームは、ビーボールをさらにやさしくしたものです。ベースボール型ゲームに慣れてきたら、ぜひビーボールにも挑戦してくださいね。

● ビーボールのルール

グラウンド	①ベース間の距離はそれぞれ15歩程度の三角ベース（ホームと1塁、3塁） ②本塁と両方のベースの角度は60度 ③1、3塁の1m後ろにマーカーを置き、そのマーカーを結ぶようにラインを引く（セーフティーライン）
守備	①野球のようにボールを持ってランナーより先にベースにタッチするか、ベース間にいるランナーにタッチするとアウト ②守備はセーフティーラインよりも後ろで守る
攻撃	①バッターのレベルに応じて方法を変える（トスやコーチがピッチャーなど） ②全員が打ったら攻守交代 ③三振はなし。またベースから3m辺りのライン（ティップライン）を越えないとファール

第6章
野球のルールとケガについて

試合に出る前に覚えておきたいルールと楽しい野球でケガをしないために注意したいことを紹介します。

最低限覚えたい野球のルール

［ 得点をするか、得点をさせないか ］

野球で、**攻撃側の目的は点を取ること、守備側の目的は点を取らせないように３つのアウトを取ることです。**そして最終回までにより多く得点をしたチームが勝ちです。そのために攻撃側と守備側の攻防がありますが、**そのほ**とんどのプレーは136ページから151ページのベースボール型ゲームで出てきます（表）。ここでは覚えることが難しいルールや、ベースボール型ゲームで出てこなかった「ストライク」と「ボール」について説明をします。

●ルールの基本（試合の流れ）

1 ……▷ 攻撃側と守備側に分かれ、３アウトで攻守を交代する
2 ……▷ ピッチャーがボールを投げ、バッターが打つ
3 ……▷ １塁から３塁を回り、ホームまで帰ってくると１点
4 ……▷ 守備側はバッターやランナーからアウトを取る
（フォースアウト※、タッチ、フライのキャッチ、三振など）
5 ……▷ より多く得点をしたチームの勝ち

※１塁にボールを投げてバッターをアウトにするなど、タッチしなくてもランナーをアウトにできること

［ ストライクとボールとは ］

３つのストライクでアウト、４つのボール（フォアボール）でバッターは１塁に進めます。**このストライクの範囲がストライクゾーン（右ページの写真）です。**ストライクゾーンは決まっていますが、ピッチャーの投げる速いボールがストライクなのかボールなのかは、すぐに見分けられるものではありません。82ページでも説明したようにまずは、どんなボールでも「打とう！」とバットを振っていいと思います。そのうち「このボールは打てる」「このボールはバットが届かない」のように、自分のなかで打てるか打てないかの判断ができるようになります。

どこでアウトを取る？

　バッターが打ったボールを捕ったら、ベースを守る味方にボールを投げてアウトを取ります。まずは自分に一番近いベースにボールを投げてアウトを取りましょう。こうしたプレーに慣れてきたら、「どこでアウトを取ったらよいか？」を考えましょう。例えば自分がセカンドで、ランナーが1塁にいたとします。ボールを捕った場所が1塁に近ければ、1塁に投げてアウトを取るでしょう（1塁ランナーは2塁に進んでいます）。けれども2塁に投げてアウトが取れたら、相手が2塁に進むことができないので、相手が得点をしにくくなります。このように、「確実にアウトを取る」ことと「どこでアウトを取ると有利になるか」を考えながらプレーしていきましょう。

状況の判断が難しいランナーの役割

　塁に出てランナーになると、考えることが多くなります。例えばランナー2塁で味方がフライを打った場合は、ベースの近くで守備のプレーを見ていられます（1アウトまでの場合）。けれどもランナーが1、2塁の場合、守備がエラーをするとバッターが1塁ランナーになるため、2塁ランナーは3塁に走らなくてはなりません。このときに守備がフライを捕るかを2塁ベースの近くで見ていたら、3塁に着く前にアウトになる可能性が高いため、2塁と3塁の間まで進んで守備のプレーを見ることが必要になります。ランナーに限らず野球では、「こうしたほうがいい？」という場面がたくさん出てきます。そのときにいろんなプレーを考え、自分のなかで「このほうがいいだろう」と思えるプレーを、どんどん作っていきましょう。

6章　野球のルールとケガについて

練習のやりすぎによるケガ

[投げすぎることでヒジを痛める]

　ケガについて、とくに注意をしたいのは、体が成長する前に無理やりヒジを上げて投げることです。体が大きくなるときには、骨も一緒に成長して大きくなります。そのため中学生頃までは、骨に成長する柔らかい部分（軟骨）があります。この軟骨には、じん帯がくっついていますが、無理やりヒジを上げてボールを投げると、軟骨がはがれてしまうのです。

　もしもヒジに痛みが出たらすぐに練習を止めて安静にしましょう。理想はこのようなケガをしないように、1日や1週間に投げる球数を抑えたり、全力で投げる回数を減らすことです。

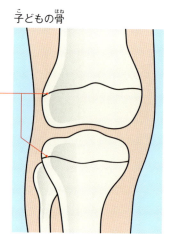

子どもの骨

骨端線
成長する軟骨部分。無理にヒジを上げて投げると、じん帯が着いている部分がはがれてしまう

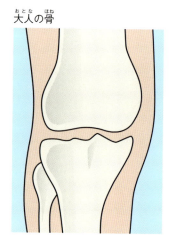

大人の骨

[ヒジの痛みは大人になってから発症することも]

　小学生のときに痛めたことが原因で、骨が成長をし終えた高校生頃に、ヒジに痛みが出ることもあります。こうなると完全に治すことは難しく、痛みがひどい場合には野球を続けることを断念しないといけなくなります。体の成

長と関係があります。小学生の頃は、自分の力（パワー）が原因で体を痛めてしまうことは、ほとんどありません。けれども高校生くらいになると筋肉や骨が発達するため、小学生時代とは比べられないほどの、大きな力を発揮できます。そうするとこれまで痛めていたところにさらに大きな負担がかかり、大きなダメージを与えてしまうのです。この本で紹介している肩周りやヒジ周りの筋肉を鍛える練習は、自分の力から体を守る役割もしてくれます。地味な練習が多いのですが、ケガを防ぐために大事な練習です。ぜひとも続けてやってみてくださいね。ただし、体を鍛える練習もやりすぎはいけません。無理のない回数を決めて行ない、だるさを感じたら無理に続けずに休むようにしましょう。

［打つことで腰に大きな負担がかかる］

ヒジと並んで腰のケガは多く、大半はボールを打ちすぎることで起こります。腰をひねる動きを繰り返すことで、腰椎が疲労骨折をしてしまうのです。このケガを腰椎分離症と呼びます。放っておくと、体の成長にともなって腰椎すべり症というケガにつながる危険もあります。ボールを打つことは楽しいですし、「上手くなりたい」ためにたくさんボールを打ったり、バットを振ったりすることも多いでしょう。けれどもヒジのケガと同じで、だるさを感じたら練習を止めたり、腰をひねる動きから体を守るための練習（96ページや97ページなど）をしていくことが大切です。

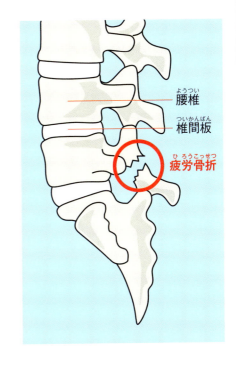

おわりに

私は小学生から大学生まで、ずっと野球をやってきました。
そのなかで疑問に思っていたのは、
どの年代でも練習のやり方が変わらなかったことです。

体の発達や発育を考えると、練習のやり方は年代によって変わるはずです。
年代によって、そのときにやったほうがよい練習や、
今はやらないほうがよい練習などがあると思ったのです。
また、ケガが原因で野球を止めてしまう仲間もたくさん見てきました。
こうした経験や思いから、野球の研究を続けてきました。

この本では、これまで研究をしてきた
「小学生のときに必要な技術」「技術を覚える練習方法」
「やりすぎてはいけないこと」などをまとめて紹介しています。

小さいボールを投げたり、打ったりすることは、野球にしかない動きです。
それが上手くできたときは、最高に気持ちいいでしょう。野球の楽しさを知り、
何歳になっても
楽しみながら野球を続けてくれることを願っています。

筑波大学 体育系 准教授
川村 卓

楽しみながら野球を
続けてくれることを
願っています。

●監修

川村 卓(かわむら・たかし)
筑波大学体育系 准教授
野球コーチング論専攻

1970年生まれ。筑波大学体育系准教授。筑波大学硬式野球部監督。全日本大学野球連盟監督会運営委員、首都大学野球連盟常務理事・評議員。札幌開成高校時代には主将・外野手として夏の甲子園大会に出場する。筑波大学時代も主将として活躍し、2000年12月に筑波大学硬式野球部監督に就任する。最先端の研究を行う同大学にて主にスポーツ選手の動作解析の研究を行っており、野球コーチング論を専攻している。またこれまでの研究結果をもとに、野球をやったことがない少年から、プロを目指す学生まで、全国の野球チームで講演や指導をし、正しく楽しい野球の普及に努めている。主な著書に『バッティング練習の科学』『ピッチング練習の科学』(ともに洋泉社)などがある。

Staff

●構成・編集・執筆
株式会社Ski-est
(www.ski-est.com)
佐藤 紀隆
稲見 紫織

●デザイン
齋藤清史・小山 巧
(志岐デザイン事務所)

●マンガ・イラスト
三上空太(スタジオSO)
林檎ゆゆ、犬神リト

●マンガ編集
サイドランチ
藤本 亮

●イラスト
楢崎義信
庄司 猛

●スチールカメラマン
眞嶋和隆
佐々木準子

●ビデオカメラマン
前島一男

●写真提供
田口有史
Getty images

●校閲
聚珍社
村上理恵

●制作協力
八木 快(やぎ・かい)
筑波大学大学院

●撮影協力
春日学園少年野球クラブ

新しいジュニア野球入門

監修者	川村 卓
発行者	池田士文
印刷所	株式会社光邦
製本所	株式会社光邦
発行所	株式会社池田書店
	〒162-0851 東京都新宿区弁天町43番地
	電話03-3267-6821(代)／振替00120-9-60072

落丁、乱丁はお取り替えいたします。
©K.K.Ikeda Shoten 2019, Printed in Japan

ISBN 978-4-262-16649-0

本書のコピー、スキャン、デジタル化等の無断複製は著作権法上での例外を除き禁じられています。本書を代行業者等の第三者に依頼してスキャンやデジタル化することは、たとえ個人や家庭内の利用でも著作権法違反です。

19000003